Opanowanie pisania scenariuszy – tworzenie hitowej sztuki

Odcisk

Tytuł książki: Opanować dramatopisarstwo – stworzyć hitową sztukę
Autorka: Natasha Tillett Slayton

Autorka: Natasha Tillett Slayton
Kontakt: wakdeamay@gmail.com

Opanowanie pisania scenariuszy – tworzenie hitowej sztuki

Scenariusz
Natasha Tillett Slayton

Indie
2024

ZAWARTOŚĆ

Jesteś tu, bo chcesz pisać sztuki? To wspaniale; Pochwalam Twoje pragnienie. Kiedy osobiście o tym porozmawiamy i zaczniecie wspólnie pisać sztuki teatralne na podstawie naszych książek, może porozmawiamy o tym, czy zakup tej książki był rzeczywiście właściwym wyborem.

Jak sugeruje tytuł tej książki, zakładam, że chcesz się ode mnie nauczyć, jak stworzyć udaną sztukę; niestety, ale nie mogę ci tego w tej chwili zaoferować. Niestety dla ciebie oznacza to, że nie mam pojęcia, jak to powinno działać; dlatego stawiam kolejne pytanie – „Co składa się na udaną zabawę?" Możesz więc użyć czarnej taśmy samoprzylepnej i przykleić słowo „Udało się" na przedniej okładce – od naszego wspólnego zrozumienia zadecyduje, czy na pewnym etapie tworzenia tej książki usuniemy, czy zmienimy tę etykietę – zacznijmy szukać.
Czy zastanawiacie się, dlaczego napisałem tę książkę o dramatopisarstwie? I dlaczego twierdziłem, że mogę nauczyć pisania scenariusza sztuki? Być może zastanawiasz się, dlaczego napisałem taką książkę o tym, jak napisać scenariusz sztuki, dlaczego uważam, że mogę zaoferować pomoc?

Cóż, piszę sztuki od prawie 20 lat i niedawno ukończyłem moją 48. sztukę wieloaktową. Na premierach spektakli często słyszę od aktorów pytania dotyczące pisania: „Jak to robisz? Ja też chciałbym pisać, czy mógłbyś dać mi jakieś wskazówki, jak to zrobić?"
Więc napisałem tę książkę. Żebym ci powiedział, jak to robię. To było wszystko. Niestety nie wiem dokładnie, ile było inscenizacji moich sztuk; w pewnym momencie zrezygnowałem z prób. Ale zebrało się ponad 1000 osób. Ponieważ występy na moich utworach muszą sprawiać publiczności i scenom przyjemność, pozwala mi to dokładnie wyjaśnić czytelnikom, na czym polega pisanie sztuk teatralnych – pisanie sztuk!
Jeśli chcesz nauczyć się pisać sztuki teatralne w sposób przyjemny i profesjonalny, lub potrzebujesz wsparcia przy tej pracy, gorąco polecam dołączenie do grup roboczych lub seminariów. Kursy edukacyjne dla dorosłych czasami również je zapewniają. Jedna z takich grup roboczych dla dramaturgów dolnoniemieckich – jak na przykład grupa Verdena dla dramaturgów dolnoniemieckich – mogłaby być tutaj szczególnie pomocna – nie zniechęcaj się jednak jej nazwą „dolnoniemiecki". Pisząc sztuki w języku dolnoniemieckim, staramy się go zachować, ale nawet jeśli nie umiesz mówić ani pisać w języku dolnoniemieckim, to też nie będzie miało znaczenia! Po zakończeniu pisania

zabaw z tą grupą możesz nawet znaleźć tłumaczy, którzy przetłumaczą je na inne języki/dialekty!

Seminaria Grupy Roboczej Verden odbywają się zazwyczaj dwa razy w roku i obejmują określone tematy. Ze względu na dołączenie nowych osób często oferowany jest krótki kurs podstawowy jako wprowadzenie do zabawy w pisanie; możesz znaleźć w Internecie informacje na temat tej opcji, a także rozważyć, czy warto to zrobić. Oczywiście nadal mogą być dostępne inne ścieżki.

Istnieją inne grupy robocze i metody badania sposobu pisania sztuki.

Czytając tę książkę, nie trzymasz w ręku podręcznika doświadczonego dramaturga; Jestem osobą, która zaczęła pisać poprzez teatr i od tego czasu stała się płodną pisarką. Wszystko, co mogę tutaj zaoferować, to moje doświadczenia, porady i wskazówki na ich podstawie - nic więcej. Pamiętaj jednak, że ta książka nie zawiera zasad, których musisz przestrzegać; raczej mogę jedynie opisać moje podejście.

Jeśli to Ci nie wystarczyło i poczułeś się zawiedziony tą książką, to być może ta książka nie jest dla Ciebie. Proszę, przyjmij moje przeprosiny; być może wymienić lub dać w prezencie; Mam nadzieję, że ewentualne paski samoprzylepne z okładki uda się usunąć bez ich uszkodzenia, gdyż w przeciwnym razie wymiana będzie utrudniona. Jeśli jednak chcielibyście dowiedzieć się, jak Helmut Schmidt pisze sztuki, z radością przyjmę to doświadczenie jak każde inne.

Zacznę od tego, że mówię o sobie: wiem na pewno, że łamię wszelkie zasady pisania! Żadne przepisy nie narzucają sposobu, w jaki pisarz musi pisać; istnieją jednak wytyczne, których należy przestrzegać podczas tworzenia materiałów do publikacji. Polecając (i celowo używam tego słowa), pisanie sztuki powinno przebiegać tak: masz już w głowie swoją fabułę (wyrażenie używane do określenia powiązań przyczynowych od wyimaginowanego przebiegu wydarzeń do oczekiwanego zakończenia), więc utwórz jakąś formę idealne byłoby ręczne tworzenie harmonogramu. Oznacza to: kiedy już poznasz ogólną fabułę, napisz dokładnie, co dzieje się w każdym akcie i scenie, aż do samego końca. Po osiągnięciu tego etapu można rozpocząć pisanie na papierze do notesu lub na komputerze. Większość redaktorów zaleca dramatopisarzom przyjęcie takiego podejścia przy pisaniu sztuk teatralnych; i większość dramaturgów z pewnością podąża tą drogą, zaczynając pisać swoje dzieła. To powiedziawszy, robię to inaczej – mam tylko pomysł i zaczynam pisać.

Mój proces pisania nie opiera się na sztywnym harmonogramie i wystawach. Zamiast tego myślę o tym, które postacie obsadzić, zanim stworzę w głowie zarys tego, co może się wydarzyć, a następnie zaczynam przepisywać całą sztukę bezpośrednio do swojego notatnika. Niestety, nigdy nie wiem dokładnie, jak potoczy się i zakończy utwór; moje sztuki nabierają kształtu dopiero poprzez ich pisanie – w wielu przypadkach na pierwszy rzut oka znam tylko tytuł! Jeśli więc podoba Ci się moje podejście do pisania, możemy zostać świetnymi partnerami!

Aha i jeszcze jedno: jeśli chodzi o pisanie dla grup teatralnych, skupiam się raczej na produkcjach amatorskich niż na profesjonalnych scenach, o czym często przypominają mi redaktorzy. Więc tu jesteś. Pisanie wyłącznie na potrzeby profesjonalnych scen daje mi możliwość bycia pod pewnymi względami bardziej elastycznym; Mógłbym włączyć wiele zestawów i kostiumów. Ale jaki byłby sens oferowania mojej twórczości tylko kilku wybranym teatrom, które nie są zainteresowane? Może to zająć lata, być może nigdy nie zostanie wykonane na scenach amatorskich, ponieważ wysiłek, jaki by to wymagało, z pewnością przekroczyłby ich możliwości. Czy nie ma większego sensu pisanie utworów, które mogą być łatwo i zabawnie realizowane przez aktorów amatorów, a jednocześnie spełniają wymagania dotyczące jakości i poziomu profesjonalnej sceny? Ja tak sądzę i dlatego pisząc, mam na myśli przede wszystkim grupy świeckie. Każda grupa potrzebuje przedstawienia co roku. Świętujmy razem klasyki, które szczególnie podziwiam; te niewątpliwie pozostaną moimi ulubionymi przez wiele lat! „Mój mąż wyrusza w morze" i „Umeblowany dżentelmen" to wielka klasyka teatru; jednak współczesne sztuki teatralne (takie jak „Mój mąż idzie do morza" czy „Umeblowany dżentelmen") mogą mieć większe znaczenie. Natomiast dla grup teatralnych wystawiających swoje sztuki w języku dolnoniemieckim szczególnie istotne jest dotarcie do młodych widzów; może się to nie zdarzyć w przypadku dzieł, których akcja rozgrywa się w latach 50. i 70. XX wieku.
Teraz jest dla mnie dogodny moment, aby przedstawić historię teatru i zacząć od nakreślenia jego podstawowych cech, jak stwierdził Arystoteles: główną cechą dramatu jest prezentacja akcji oparta na dialogu, co odróżnia go od epopei narracyjnej. Można by napisać całe książki na ten temat, ale zamiast tego sugeruję przysłuchiwanie się seminariom lub odwiedzanie źródeł internetowych, aby odkryć jego korzenie.

Czy nadal jesteś otwarty na współpracę? Witam to. Podążajmy razem tą drogą prowadzącą do wyprodukowania naszego pierwszego spektaklu, który może nawet odnieść sukces! Nie mogę się doczekać, aby pomóc. Jestem szczęśliwy.

Około 25 kilometrów od domu moich rodziców, w latach 1984 - 1991 pracowałem jako disc jockey w weekendy w dyskotece, jednej z tych małych wiejskich dyskoteek, które dziś już nie istnieją. Grałem tam pojedyncze płyty C.C. Richards, a także utwory napisane specjalnie na tę dyskotekę przez innych kompozytorów, takich jak Johnny Stein (które niestety już nie istnieją). Tego wieczoru z głośników grali Catch, Modern Talking, a także U2 i Queen, a ja byłem jednym z DJ-ów odpowiedzialnych za przekazywanie gościom przez mikrofon informacji o każdym artyście lub piosence, gdy graliśmy każdy utwór i ekscytowaliśmy ich! Taniec był świetną zabawą; każdy, kto dużo tańczy, potrzebuje czegoś do picia; sprytna taktyka biznesowa! Każdego wieczoru pozwolono mi spełniać muzyczne prośby młodych kobiet, takich jak Edeltraud Trey, która zawsze chciała jako swoją ulubioną piosenkę „Touch by Touch" Joy. To tutaj w moim życiu pojawiła się Edeltraud Trey! W pewnym momencie Edeltraud powiedziała mi, że uczestniczy w teatrze z amatorską grupą i że niedługo będzie ich premiera. Byłem tam i naprawdę podobał mi się ich występ; prawie rok później Edeltraud powiedziała mi, że jeden z członków zespołu odszedł, a oni desperacko chcieli jak najszybciej zjednoczyć się ponownie.

Ponieważ Edeltraud potrzebowała kogoś „młodszego", zdecydowałam się dołączyć do grupy teatralnej Stapelmoor w Rheiderland i zagrać młodą kochankę Edeltraud – zawsze dobrze grając swoją rolę i bardzo ciesząc się z występów teatralnych! Jednak po drugim roku zauważyłem, że wiele dzieł wybranych przez Spolbasa nie było zbyt nowoczesnych, więc zacząłem interesować się innymi grupami teatralnymi i ich dziełami. Spośród 20 grup teatralnych działających wokół Leer wiele z nich wystawiało przedstawienia tradycyjne lub nawet klasyczne w stylu lat 50. XX wieku. W tamtym czasie ja i moi przyjaciele graliśmy w języku dolnoniemieckim; już wtedy stało się jasne, że należy w większym stopniu promować ten język w przedszkolach i szkołach, ponieważ coraz więcej dzieci słyszało od rodziców jedynie standardowy niemiecki. Kiedy zastanawiałem się, jak najlepiej promować dolnoniemiecki w amatorskich grupach teatralnych, dotarło do mnie, że samo wystawianie starych utworów z lat 50. i 60. nie sprawdzi się. Teatr powinien istnieć także dzisiaj, jeśli ma pozostać aktualny. Szczególną troską cieszyło się przyciąganie młodych ludzi do teatru i języka dolnoniemieckiego. W 1989 roku z moją grupą teatralną ćwiczyłem sztukę „Wesołe miasteczko w 't Dorp" – zawierającą kilka zabawnych momentów, ale poza tym była to po prostu kolejna komedia rolnicza z lat 60-tych. Latem tego samego roku zacząłem używać maszyny do pisania Olympia i próbowałem napisać własną sztukę teatralną.

Chociaż w tamtym czasie miałem minimalne doświadczenie w grach, moim celem było napisanie czegoś o zbliżającej się srebrnej rocznicy ślubu jako mojej pierwszej pracy. Ona chce wielkiej uroczystości – on od kilku tygodni jest bezrobotny, ale każdego ranka wychodzi z domu, ukrywając swój los przed żoną, aby nie zrujnować jej radości z tego ekscytującego kamienia milowego. Mój wątek kręcił się wokół znalezienia sposobu na opłacenie tej uroczystości; stąd powstanie trzyaktowej sztuki „Two Boys Too Many". Późnym latem 1989 roku moja praca została ukończona, mimo że początkowo czułem się zawstydzony; dzięki wsparciu Edeltraud wystawiono go od tego czasu wielokrotnie i z wielkim sukcesem.
Diedrich Wessels był naszym dyrektorem gry. Stwierdził, że jest on zbyt długi i należy go znacznie skrócić; Pracowałem z nim nad tym i mieliśmy premierę z naszą grupą teatralną w Stapelmoor w lutym 1990 – prawie zawsze grając dla wyprzedanej publiczności? Czy uważa Pan to za udane zagranie?

Czym rok 2018 różnił się od lat poprzednich? Nie sądzę; to całkowicie normalna reakcja, gdy ludzie dowiadują się o członku amatorskiej grupy teatralnej piszącej swoje pierwsze dzieło i ludzie są ciekawi, jak to zobaczyć – nie oznacza to sukcesu, ale mimo to cieszy się dobrymi recenzjami. Ponieważ pisałem komedię z myślą o śmiechu, ale nie będąc zbyt „płaskim", szybko z różnych scen napłynęły zapytania, gdzie można zobaczyć ten utwór; zmuszając mnie w ten sposób do znalezienia wydawców. Ponieważ wiedziałem, że nasza grupa teatralna kupowała sztuki od Karla Mahnke w Verden – wciąż wiodącego wydawcy w Niemczech, jeśli chodzi o sztuki dolnoniemieckie i u którego publikowanych jest wiele znanych klasyków – zgłosiłem swoją pracę i miałem nadzieję, że zostanie tam przyjęta. Jednak po kilku tygodniach zwrócono mi rękopis i poinformowano mnie, że nie można go opublikować w obecnym stanie i należy nad nim popracować, zanim nastąpi publikacja. Dodatkowo zostałem zaproszony do odwiedzenia grupy roboczej w Verden, co mnie oburzyło; po zagraniu głównej roli w niesamowitej sztuce kilka tygodni wcześniej, która otrzymała owacje na stojąco, nie miało sensu, dlaczego ci sami ludzie piszą do mnie listy, twierdząc, że moja praca nie jest wystarczająco dobra, skoro sami jej nawet nie widzieli!

Dziś mogę się z tego śmiać; ale uwierz mi na słowo – to samo może spotkać Ciebie. Po przyjęciu mojej początkowej pracy do publikacji zostałem członkiem grupy roboczej Dietera Jorschicka - nie żałuję, że mnie tam uczono, bo to, czego się uczyłem, miało ogromny wpływ na jakość i poziom moich kolejnych prac, z czym często się nie zgadzaliśmy (czasami bardzo mocno!) Jako osoba, której nie da się łatwo zastraszyć, nie chciałam też czekać po ukończeniu pracy, żeby coś zredagować lub zmienić – zamiast tego byłam porywcza w podejmowaniu decyzji i chciałam, aby moja praca została opublikowana natychmiast po ukazaniu się pierwszej pracy ukończony – coś, co Dieter Jorschick umożliwił dzięki swojej cierpliwości, choć czasami było to nieprzyjemne (choć). Wyzywający jak zawsze, gdy przyszedł czas na redakcję lub zmianę czegokolwiek (nawet znaczący wpływ na ulepszenie późniejszych prac, o których dyskutowaliśmy podczas grupy roboczej). Dieter Jorschick nauczył nas nieocenionego w tych sprawach! (chociaż często się nie zgadzaliśmy!) Chociaż czasami jestem uparty i uparty, żeby później edytować! Ale po ukończeniu został zdecydowanie opublikowany natychmiast, bez konieczności wprowadzania zmian, po tym jak tak szybko napisano coś nowego i tak szybko coś rozpoczęto; oznaczało to oczywiście ponowne przeczytanie przed rozpoczęciem procesu edycji (nieważne...).

Co mam zrobić, skoro napłynęły już zapytania z różnych grup? Poszukałem innego wydawcy i tam nagrałem swój esej; chociaż również dla nich nieco zmodyfikowany. Kiedy to zostało zrobione, moja pewność siebie szybko wzrosła; co skłoniło mnie do natychmiastowego rozpoczęcia następnego utworu; co ostatecznie doprowadziło mnie do pisania ich coraz więcej! Nagle stałem się niezwykle płodnym pisarzem – tak – niektórzy redaktorzy uważają inaczej, ale nie dla mnie; moja praca nie wymaga intensywnej rewizji, gdy produkujesz więcej pracy! Myślę inaczej!

Cóż, wszystko wydarzyło się w 1990 roku i właśnie wystawiłem swoją 48. wieloaktową sztukę pod tytułem: Cztery ręce za jedno wymię". - Zgodnie ze scenariuszem.

Czas ucieka...

Ale najpierw pozwól mi zadać sobie pytanie, dlaczego chcesz napisać sztukę. Pomijając w tym momencie wszelkie rozmowy o sukcesie – nie znamy się i nic w twoim pochodzeniu nie sugerowałoby, że nadawałaby się jako autorka – nie panikuj; pisanie nie wymaga doktoratu, specjalnego wykształcenia ani dyplomu, których sam z pewnością nie posiadałem (więc oboje zaczynamy od początku!). Kim więc mógłbyś być?

Oto kilka przykładów:

Czy jesteś mężczyzną po czterdziestce, pracującym jako agent nieruchomości, żonatym, mającym trójkę dzieci, w wolnym czasie grającym w męskiej drużynie seniorów i ostatnio żona namówiła Cię do przyłączenia się do amatorskiej grupy teatralnej, z którą współpracuje od lat? lat, co naprawdę sprawia Ci przyjemność, a teraz ekscytuje Cię tak bardzo, że pisanie sztuk stało się czymś, czego sam chcesz spróbować? - W porządku.

Wyobraź sobie taką sytuację: jesteś samotną kobietą po pięćdziesiątce lub na początku emerytury, która nudzi się w domu, ale od czasu do czasu lubi chodzić na przedstawienia teatralne i myśli: czy na pewno dam radę zrobić to, co napisała ta autorka? - Zaakceptowano.

Kiedy masz około 20 lat, jesteś pełen niepewności, jaką ścieżkę kariery wybrać. Czy jesteś zapalonym czytelnikiem z mocnymi stronami w języku niemieckim i pisaniu esejów ze szkoły? - Doskonały. Czy jesteś pasjonatem teatru? - Fantastyczne.

Czy któryś z przykładów do Ciebie przemawia? Bez względu na Twój wiek, rodzaj wykształcenia czy powód, dla którego chcesz pisać, najważniejsze jest, aby Twoje pisanie wypływało z wnętrza – niezależnie od tego, czy dotyczy ono teatru i jego tematu. A przede wszystkim: jako dramaturg musisz przeznaczyć odpowiednią ilość czasu na tę pracę – zaczynałem pracę na pół etatu i kontynuuję tę praktykę do dziś – to podejście jest w pełni w porządku, pamiętaj tylko, aby wykorzystać każdą wolną godzinę na pisanie!

W istocie pisanie powinno sprawiać ci przyjemność – czytanie jest jeszcze lepsze – podobnie jak chodzenie do teatru. Będąc już na scenie – nawet amatorskiej – i samemu wykonując niektóre role, jesteś znacznie lepiej przygotowany do tego, aby samemu zostać autorem – co ja zrobiłem, rozpoczynając to przedsięwzięcie.

Choć nie znam Twoich motywacji, które skłoniły Cię do pisania, być może zirytowała Cię jakaś sztuka i chcesz to zmienić? Być może oglądałeś przedstawienie, być może na ugruntowanej scenie, gdzie nie dostarczyło rozrywki? A może widzowie z Twojej grupy teatralnej zauważyli lepsze przedstawienia z poprzednich lat; lub nawet byłeś niezadowolony zarówno z całości utworu, jak i ze swojej roli. Więc chcesz to poprawić? Dlaczego nie? -

Piszesz sztukę, bo sprawiłaby ci radość i przyniosłaby dodatkowy dochód w ramach pracy na pełen etat? - To też wspaniale. Jakakolwiek by nie była motywacja – jedyne, co się naprawdę liczy, to to, że zaspokaja ona głęboko zakorzenioną w Tobie potrzebę napisania czegoś dramatycznego! Najważniejsze jest po prostu robienie tego, co ma dla CIEBIE sens – bez względu na motywacje, które za tym stoją.

Czy nadal tam jesteś i jesteś gotowy? (OK.). To powiedziawszy, kontynuujmy. Wielu wierzy, że pisanie jest czymś dziedziczonym; ludzie, którzy potrafią pisać, nie uczą się tego jedynie poprzez studia akademickie – w ich talencie musi być coś genetycznego, co się ujawnia; ktoś potrzebuje skłonności do czegoś takiego.” [Tacy ludzie] mają tendencję do myślenia: „Och, jeśli ktoś potrafi pisać, to musiało to wyjść z głębi jego wnętrza – nie można się tego nauczyć, jeśli nie ma już w nim talentu]. Ale to nie musi być prawdą; każdy może się tego nauczyć, jeśli otrzyma wystarczające wsparcie. [Tacy ludzie często wierzą] [...] ale nauka jest możliwa!” Jego Ludzie mają tendencję do myślenia:

W wieku 10 lat, w piątej klasie, moja mama często pisała moje eseje do szkoły, z którymi miałem problemy - zwykłe, takie jak: „Moje najpiękniejsze wakacje” lub „Burza z piorunami”, zgodnie z zaleceniami nauczycieli. Tego typu eseje narracyjne były dla mnie trudne; moja matka była w tym znakomita; w 20 minut napisała dla mnie piękne wypracowania, które konsekwentnie zdobywały dobre oceny w szkole - dziękuję Mamo! Niestety, moje zainteresowanie pisaniem pojawiło się później, gdy miałem 25 lat.

Nie istnieje żadne prawo określające szczegółowe wymagania, aby zostać dramaturgiem. Jeśli jednak spełniasz niektóre lub wszystkie z poniższych kryteriów, Twoja kariera dramaturga powinna przebiegać gładko:

Czy jesteś osobą, która lubi spędzać czas towarzysko, zarówno rozmawiać z innymi, jak i słuchać?

Czy lubisz być na bieżąco z wydarzeniami światowymi i lokalnymi, czytać gazety i powieści, chodzić do teatru, kina, opery i koncertów, a także wydarzeń kulturalnych, takich jak wykłady?

Czy jesteś osobą, która lubi oglądać filmy w telewizji, a także od czasu do czasu różne talk show, reportaże i seriale? Czy możesz przewidzieć, jak zakończy się film w połowie?

Czy możesz odpowiedzieć twierdząco na którykolwiek lub wszystkie z tych punktów? No to na co czekamy?

Oczywiście możesz kupić blok i ołówek i zacząć pisać, ale żaden wydawca nie przyjmie dziś odręcznego rękopisu jako materiału do przesłania. W dzisiejszych czasach pisanie może nie być już możliwe bez komputerów, nośników pamięci i programów do edycji tekstu, takich jak Word. Zdecydowanie radziłbym używać „Worda" do projektów dramaturgicznych, które zostaną opublikowane. Oprogramowanie do przechwytywania i edycji tekstu firmy Microsoft; Często na tym polegają także wydawcy. Aby uzyskać optymalną wydajność, wyspecjalizowani sprzedawcy detaliczni oferują najnowszą wersję. Chociaż zakup tego programu kosztuje około 100 euro, jego zalety nie ograniczają się do prostego wprowadzania tekstu na komputerze; użytkownicy notebooków również na tym skorzystają. Lata pracy wyłącznie na notebookach dały mi przewagę w postaci elastyczności; Mogę je zabrać ze sobą wszędzie i korzystać z urządzenia wtedy, kiedy zajdzie taka potrzeba. Zarówno sprzęt (notebook), jak i oprogramowanie (Word) są teraz gotowe i czekają na uchwycenie wszelkich pojawiających się pomysłów. Jeśli ten proces jest dla Ciebie zbyt szybki i wolisz pracować bez komputerów, jeśli to podejście wydaje się zbyt szybkie, pomocne może być również rozpoczęcie od korzystania z notesu i ołówka; w przyszłości zawsze możesz mieć przy sobie małą książeczkę i długopis, aby w razie potrzeby robić notatki; ale twoja ostateczna praca musi trafić do komputera; dlatego rozsądniej byłoby przyzwyczaić się do używania jednego z nich od pierwszego dnia.

Zacznij od znalezienia idealnego miejsca do pisania. Niektórzy autorzy twierdzą, że musi to być pusty pokój, a biurko na swoim miejscu – po prostu zamknij za sobą drzwi, odłóż wszystko wokół siebie i zacznij pisać z całkowitym skupieniem!
Cóż, jeśli tak piszą niektórzy autorzy, nie ma w tym nic złego; ale sugerowanie, że pisanie może nastąpić tylko w ten sposób, jest kompletnym bzdurą.
Znajdź przestrzeń, która do Ciebie przemawia i nie pozwól nikomu dyktować, gdzie i jak ma wyglądać. Myślę, że szczególnie istotne jest zapewnienie dużej ilości oświetlenia i zachęcającej atmosfery. Z pewnością mam biuro z biurkiem; jednakże lubię też pisać w salonie, leżąc na sofie z notatnikiem opartym o uda i czekając na inspirację. Nie ma też potrzeby absolutnej ciszy; piękna muzyka pomaga mi się skupić! Styl pisania Chrisa de Burgha szczególnie cenię za pisanie na zewnątrz przy ładnej pogodzie – lubię też siedzieć na tarasie lub ławce w parku i pisać podczas długich podróży pociągiem! Nawet podczas lotów często piszę. Są nawet autorzy, którzy lubią siedzieć w kawiarni z notatnikiem i pisać przed innymi ludźmi; jeśli to podejście do Ciebie przemawia – poznaj je! Wszystko jest możliwe.

Jeśli chodzi o pisanie, lokalizacja zależy wyłącznie od Ciebie; znajdź wygodne miejsce, w którym poczujesz się najbardziej zrelaksowany, ale upewnij się, że inne osoby nie przeszkadzają ani nie przeszkadzają zbyt często; powinno to umożliwić ci koncentrację. Jeśli masz rodzinę, po prostu poinformuj ją wcześniej, że chcesz mieć trochę czasu na pisanie. Pora dnia na pisanie

Gdy tylko poczujesz się gotowy i zmotywowany do pisania, podejmij wyzwanie! Kiedy Twój nastrój się pogorszył lub czujesz się przygnębiony – być może dlatego, że odszedł ktoś ważny – nie pisz. Poczekaj dzień lub dwa, aż humor się poprawi, zanim zaczniesz ponownie pisać. Jeśli coś głęboko Cię zdenerwowało – na przykład utrata jednego z najbliższych przyjaciół – pisanie często może przynieść ukojenie.

Jeśli zmarł ktoś bliski lub przeżywasz coś bardziej znaczącego, co jest dla Ciebie uciążliwe, pisanie jest prawdopodobnie niemożliwe – proces ten może zająć nawet tygodnie lub miesiące! Nawet nie próbuj!

Nie zmuszaj się do pisania tylko po to, aby odwrócić uwagę od złego nastroju, ponieważ to nie działa. Nie mówiąc już o myśleniu o tym jako o takiej opcji!

Nie istnieją żadne ustalone zasady określające, jak długo pisarz powinien pisać, ale do produktywnej pracy powinna wystarczyć jedna do dwóch godzin na raz (czyli około 1000 słów). Unikaj pisania tylko raz w miesiącu, ponieważ wtedy bardzo trudno będzie Ci ponownie znaleźć swój wątek – zamiast tego żyj swoją pracą. Myśl o swoim tekście i dyskutuj z innymi, kiedy nie piszesz; niektóre pomysły na jego dalszy rozwój często pojawiają się nawet bez wpisywania czegokolwiek! Bądź świadomy tego, co zostało już napisane i przewiduj, co może wydarzyć się dalej (scena, akt). Możesz robić sobie przerwy – nawet kilkudniowe – kiedy tylko Ci to odpowiada! Jesteś mile widziany nawet podczas przerw – nie krępuj się nawet przez cały dzień!

Dramatopisarze powiedzieli mi kiedyś, że napisanie sztuki zajmuje im dwa lata – zazwyczaj pisze się 20 stron, po czym odkłada ją na trzy miesiące i wraca po trzech miesiącach, aby dalej nad nią pracować. Kiedy po kilku miesiącach finalnie ukończono wersję surową, przerabiają ją raz po raz.

Wyobraź sobie moje zdziwienie, gdy dowiedziałem się o tej wiadomości; taki układ nigdy by mi nie przyszedł do głowy! Jeśli jednak pisanie pozostaje naszą wspólną pasją, to zapomnijmy o tym w miarę, jak życie szybko płynie.

Czy w takim razie omówiliśmy już wszystko? Wspaniały. - Więc bierzmy się do pracy, skoro wszystko jest już gotowe? Czy Twój komputer lub notebook, albo przynajmniej notes i długopis, a także idealne miejsce do pracy są gotowe? Teraz jest dogodny czas i miejsce dla nas wszystkich. Przejdźmy do rzeczy – na razie to powinno wystarczyć.

Przygotowania dobiegły końca, teraz czas skupić się na najważniejszej kwestii – pierwszym występie scenicznym!

Twoja gra zaczyna się od podstawowej idei. Zazwyczaj można to opisać jednym długim zdaniem, które stawia pytania, a nie stwierdzenia; stąd postacie i fabuła zwykle tworzą się organicznie - na przykład:

„Wyobraźcie sobie: gdyby ginekolog zdiagnozował ciążę u 45-latki, ale tego samego dnia jej córka zgłosiła się na pobranie krwi o tym samym nazwisku i coś poszłoby nie tak, jaki byłby wynik?" (przepis na sukces)

Jak zareaguje jedna z najbogatszych rodzin w Niemczech, gdy doniesienia prasowe sugerują, że w ciągu kilku tygodni kometa uderzy w Ziemię i prawdopodobnie zakończy całe życie na Ziemi? *(Pyramids of Time) Musical obecnie w przygotowaniu

„Co by się stało, gdyby dwóch bezrobotnych mężczyzn zaczęło oferować usługi towarzyskie kobietom?"*(Witamy w Chez Andre) „Dwie bezdomne osoby korzystały z opuszczonego domu wakacyjnego na wyspie jako schronienia w miesiącach zimowych, a mimo to ten dom jest sprzedawany i rodzina się wprowadza"*(Heideweg nr 11)

Chemik-amator tworzy serum, które ma wyeliminować wszelkie ślady zapachu potu i przeprowadza testy na ochotnikach." *(Szalony profesor).

*Tytuły moich utworów inspirowanych tymi podstawowymi pomysłami. mes Czy zrozumiałeś? Zwykle wystarczy jedno zdanie, aby zademonstrować pomysł; zapisanie może nawet pomóc. Pomysły mogą przyjść do nas w dowolnym miejscu i czasie; na przykład w 1991 r., kiedy Renate i Stefan Brommelhaupowie pobrali się w naszym zakładzie pracy, opowiedzieli mi o wszystkich swoich intensywnych przygotowaniach do ślubu z kilkumiesięcznym wyprzedzeniem – uczestniczyłam w ich ceremonii jako obserwator, siedząc w kościele i obserwując.

Czy znasz odpowiedź na to pytanie? W przedstawieniu wszystko, co może pójść nie tak podczas przygotowań do ślubu i samej ceremonii, dzieje się tak! To wspaniała komedia, którą widzowie pokochają!

Myślę, że między innymi dlatego ten utwór jest wykonywany tak często; większość widzów była świadkiem przynajmniej jednego ślubu w swojej rodzinie; lub własne, przed obejrzeniem tej sztuki. Aby Twój najpiękniejszy dzień (czasami nie!!) był niezapomniany, wymaga dokładnego przygotowania – nawet wtedy coś może pójść nie tak, co powoduje jeszcze większy dramatyzm, gdy widzisz go na scenie! A ponieważ nikt nie chce doświadczyć tego na własnej skórze, publiczność docenia możliwość zobaczenia takich portretów na scenie!

Podam inny przykład działania dramaturgii. Jeśli w Twoim tekście brakuje momentów, które po kilku stronach stają się wciągające lub trzymające w napięciu, to Twój utwór nie kwalifikuje się jako dramatyczny – sztuka nie może funkcjonować bez konfliktu i napięcia!

Buduj banalność! To doskonały sposób na naukę dramy. Ten dwuetapowy proces działa doskonale! Zwróć uwagę!

Młoda dama na jarmarku patrzy na pusty diabelski młyn, który powoli się wokół niego obraca.

Czy ten temat i jego dramaturgia są dla Ciebie intrygujące i przykuwające uwagę? Może nie; w takim razie jakie pytania przychodzą Ci do głowy, gdy tylko wyobrażasz sobie tę scenę?

Czy ktoś może wyjaśnić, dlaczego kobieta na tym zdjęciu jest sama na jarmarku? Czy myślą o jeździe na diabelskim młynie i czerpaniu przyjemności z jazdy? Moje pytania prawie się wyczerpały... Nawet nie chcę wiedzieć więcej, bo patrzenie na pusty diabelski młyn na jarmarku może być bardzo nudne - a może w ogóle potrzebują odpowiedzi?!?!?

A teraz rozszerzmy to zdanie:

Młoda dama na jarmarku obserwuje pełny i obracający się diabelski młyn, gdy nagle ktoś spada 30 metrów od jednej z gondoli! Wow! To jest dramatyczne!

A potem pojawiają się pytania: Dlaczego ta osoba spadła z gondoli? Czy był to wypadek czy morderstwo? Kto był w tej gondoli, łącznie z osobą, z którą siedzi młoda kobieta.... Chcesz inny przykład, który pomoże Ci oswoić się z dramatycznymi momentami? - Tak proszę!

Młode, szczęśliwe pary chcą się pobrać. Oboje chcą to zrobić „dziewiczo".

Cóż, w dzisiejszych czasach może się to wydawać niekonwencjonalne – ale decyzja należy do każdej osoby. Jakie pytania lub zapytania wynikają z tego zdania? Być może jedno: dlaczego oboje chcą opóźnić swój ślub? Rozszerzamy tę myśl:

Tuż przed datą ślubu nieszczęśliwa, młoda para decyduje się na zawarcie związku małżeńskiego, nie wiedząc, że jest w ciąży – tylko po to, by wkrótce okazać się, że młoda kobieta jest w ciąży! Nie trzeba dodawać, że obecnie dla wszystkich zaangażowanych osób jest więcej pytań niż odpowiedzi.

Spróbuj stworzyć dramaturgię lub ekscytujący moment za pomocą takich zdań – to naprawdę działa! Co więcej, Twoje pomysły mogą trafić do Twojego dzieła! Czy masz już pomysł, o czym powinien być Twój pierwszy artykuł?

Zasada ta powinna pomóc w podjęciu decyzji, czy chcesz napisać komedię, powieść kryminalną, sztukę teatralną czy musical. Pamiętaj także, czy chcesz wybierać pomiędzy pisaniem szkiców, odgrywaniem w jednym akcie i odgrywaniem w wielu aktach oraz w jakim języku(ach) pisać.

Od razu zacząłem od przedstawienia wieloaktowego i od tego czasu skupiam się wyłącznie na komediach. Na potrzeby tej książki omówimy komedie pełnometrażowe. Standardowo zalecam język niemiecki (chociaż dolnoniemiecki może działać, jeśli zostanie przetłumaczony lub jeśli zostanie to zrobione na język wysokoniemiecki poprzez publikację Twojego utworu, wydawca zwykle otrzymuje również prawa do przetłumaczenia Twojej sztuki lub powieści na inne dialekty, takie jak niderlandzki, szwajcarski niemiecki lub Inny). Ponieważ dolnoniemiecki może nie być czymś, czym wszyscy ludzie mówią płynnie, napiszemy jednak nasz artykuł, używając standardowego niemieckiego – chociaż dolnoniemiecki może się sprawdzić, jeśli konieczne jest napisanie pierwszej wersji roboczej w dolnoniemieckim, ponieważ dolnoniemiecki może zostać przetłumaczony na wysokoniemiecki przed ponownym tłumaczeniem zanim zostaniemy ponownie przetłumaczeni, zanim napiszemy to wszystko w języku wysokoniemieckim, chyba że zdecydujemy się napisać nasz artykuł!

Pomysł na spektakl nie powinien brać się znikąd. Nie popełniaj błędu, pisząc o kimś, kto idzie do więzienia za uchylanie się od płacenia podatków i mówi jego bliskim, że ponownie wstępuje do wojska, tylko po to, by jego statek później zatonął – ani nie pisz o grupie teatralnej, która wystawia przedstawienia z próbami generalnymi i premierami sceny rozgrywające się w jednym akcie, z humorystycznym skutkiem.

Miłośnicy teatru znają już te koncepcje: mój mąż jedzie w morze" i „Nic tylko bałagan". Jeśli napiszesz coś podobnego, może to spowodować problemy z roszczeniem sobie praw do tego przez innych autorów, dlatego najlepiej stworzyć własny pomysł na utwór i znaleźć dla niego własną publiczność, zamiast plagiatować coś, co już istnieje. Czy przy tysiącach już napisanych sztuk teatralnych są one nadal możliwe? Jaki temat lub pomysły mogłyby zapoczątkować coś nowego w 2008 roku i później?

Jaki pomysł nie został jeszcze w pełni wykorzystany?

Nikt nie zarzuci Ci, że się całkowicie mylisz, jeśli uważasz, że wszystkie podstawowe tematy zostały już zbadane. Mogą one obejmować spadek, wygraną na loterii, narodziny dziecka, bezrobocie lub bankructwo i inne.

Wszystkie te elementy już istnieją, jednak przy odpowiedniej kombinacji pojawia się coś nowego - dzieło nieporównywalne. To jest dokładnie to, co musisz osiągnąć.

Miej otwarty umysł i korzystaj z wyobraźni, szukając inspiracji; nawet jeśli fabuła pochodzi z innego źródła, np. filmu lub powieści, należy ją traktować jedynie jako inspirację, a nie kopiować bezpośrednio w formie dialogu w celu publikacji jako sztuki teatralnej. Uwolnij swoją kreatywność i spróbuj wymyślić coś samodzielnie.

Teraz wymyślmy pomysł na Twój pierwszy utwór. Co o tym sądzisz: „70-letnia kobieta, która nadal prowadzi sklepik narożny, powinna zostać deportowana przez swoje dzieci do domu spokojnej starości". Jakie skojarzenia lub pytania nasuwają się natychmiast w odpowiedzi? Najpierw zamknij książkę i zastanów się głęboko nad tym stwierdzeniem, zanim zapiszesz, co ci przyjdzie do głowy, a następnie przeczytaj dalej ten pomysł, aby zobaczyć, czy nie nasuwają ci się podobne pytania – sam szybko wymyśliłem pięć takich pytań!

Dlaczego dzieci próbują deportować matkę?

Co stanie się ze sklepem i co planują z nim zrobić jego dzieci?
Jak się zachowuje matka – plany, które planuje z innymi itp.?
I wreszcie, w jaki sposób opłacany jest dom opieki?

Czy moje myśli pokrywały się z Twoimi? - Czy temat był dla Ciebie interesujący? Mam nadzieję, że tak – to mój pomysł, choć żaden autor nie napisał jeszcze na ten temat żadnej sztuki.

Nie ma zbyt wielu niejasności co do tego, co obejmuje ten temat. Jasne, są zabawy z domami opieki i emerytami jako tematem; jeden z nich został wystawiony zeszłego lata w teatrze Ohnsorg w Hamburgu pod tytułem „Atschuss mien Leeve", choć w klasyce także są one eksponowane; ale tworzymy własne prace, wykorzystując domy opieki jako tło, a nie scenografię.

Pierwszym krokiem w tworzeniu naszego utworu jest określenie, kiedy ma to nastąpić. Masz tu pełną swobodę – wybierz dowolny okres od chwili obecnej do lat 70. XX wieku (teatry amatorskie mogą uznać to za większe wyzwanie), chociaż kostiumy, scenografia, język i waluta muszą odpowiednio do siebie pasować, jeśli grasz amatorski utwór teatralny z tego okresu – np. kostiumy i scenografia z tamtych dziesięcioleci – będą wymagały szczególnej ostrożności podczas występów. Teatry amatorskie mają z tym więcej problemów podczas tworzenia samego dzieła niż sceny profesjonalne, ale niektóre nadal to robią, przesuwając go o 20–30 lat do przodu – coś, co nigdy nie miałoby miejsca w amatorskiej produkcji teatralnej! Uzgodniliśmy więc, że zaczniemy wspólną pracę od 2008 roku. Czy nie przeszkadza Ci to? Niestety nie mogę zaoferować nic więcej, ponieważ akcja większości moich prac rozgrywa się pomiędzy tamtymi czasami a obecnymi czasami, a moje prace zazwyczaj nie istnieją w tamtej epoce!

Myślę, że możliwe byłoby ponowne zaprezentowanie tej pracy bez dokonywania znaczących modyfikacji, począwszy od 2008 roku, ze względu na powolne tempo zmian w Niemczech. Nawet do 2015 r. powinno to być nadal aktualne i nadal może mieć miejsce – nie wierz mi na słowo; po prostu bądź pewien, że może się to wydarzyć zgodnie z planem. Świat ciągle się zmienia; w szczególności technologia jest niesamowitą siłą ewolucji, która czasami mnie niepokoi; Jeśli dzisiaj kupię telefon komórkowy, prawdopodobnie jutro, jeśli nie wcześniej, stanie się on przestarzały! Jednak w przypadku sztuk często oczekuje się, że będzie można je odtwarzać przez 10–20 lat bez modyfikacji – coś, co zaobserwowałem w przypadku dzieł, które napisałem 10 lat temu, a które przetrwały prawie niezmienione pomimo zmiany waluty z marki niemieckiej (DM) na euro. Dzięki temu Twój utwór może cieszyć odbiorców przez dłuższy czas!

Kto wie; być może za 50 lat ten film stanie się ponadczasowym klasykiem!

Powinniśmy teraz zająć się scenografią. Na przestrzeni lat poznałem wiele amatorskich grup teatralnych, które włożyły wiele wysiłku w swoje scenografie; niektórzy nawet postrzegają to jako okazję do pokazania widzom czegoś wyjątkowego. Jednak niewiele grup dobrowolnie wybiera skomplikowaną scenografię. Co więcej, wiele osób unika pokazywania wielu scenografii; dla niektórych grup jest to nawet niemożliwe; być może w pewnym momencie pisania sztuk konieczne będzie pokazanie całej akcji za pomocą tylko jednego zestawu. Doświadczyłem tego na własnej skórze i stwierdziłem, że jest całkiem nieszkodliwe; niektóre teatry amatorskie rzeczywiście radzą sobie z tym dobrze. Chociaż zespoły zawodowe mogą bez problemu korzystać ze scen obrotowych, naszym celem powinny pozostać sceny amatorskie; który teatr amatorski już taki ma? Jeśli chcesz, aby Twój utwór był szeroko czytany i często wykonywany, unikaj rozbudowanych zestawów składających się z wielu elementów. Grupy teatralne mają swobodę szybkiej zmiany scenografii, a zupełnie inne obrazy mogą je zniechęcić – nawet jeśli Twoje dzieło zostanie docenione przez grupy teatralne.

Teraz możesz zapytać, jakiego rodzaju zestawu scenicznego użyć. Możliwości stworzenia tego są ogromne – niebo lub piekło to dwa dobre punkty wyjścia; w przypadku tej drugiej opcji poproś i opisz odpowiednio to ustawienie stopnia. Rozważ wykorzystanie lokalizacji takich jak restauracje, piekarnie, ogrody, kościoły, pola namiotowe lub tarasy jako możliwe miejsca; alternatywnie poczekalnie, burdele, kluby, sale szpitalne i place budowy są również odpowiednimi opcjami...
Jak wszyscy wiemy z klasycznych filmów, takich jak „Plotka na klatce schodowej" i „Umeblowany dżentelmen", korytarze mogą stanowić doskonałą scenerię. Kiedy piszesz swoją historię i chcesz, aby akcja bohaterów miała miejsce w konkretnym miejscu – na przykład w kosmosie lub na Księżycu – wystarczy dowolny zestaw. Pamiętaj, że wszyscy aktorzy muszą być widoczni na tej scenografii!
Ponieważ to właśnie tam gromadzi się większość bohaterów, autorzy zazwyczaj wybierają salony lub kuchnie połączone z salonem jako scenografię dla swoich historii. Ma to sens, ponieważ pokoje dzienne i kuchnia połączona z salonem są centralnymi punktami mieszkań; dzięki czemu ich wykorzystanie jako scenografii jest naturalne i realistyczne. Toalety w domach jednorodzinnych wydawałyby się jeszcze bardziej nieodpowiednie jako dekoracje sceniczne; nic dziwnego, że nie przyjęło się to dalej! - Nic jednak nie stoi na przeszkodzie, aby jako dekoracje sceniczne wykorzystać duże toalety z kilkoma kabinami i umywalkami (np. łazienki hotelowe czy restauracyjne); Nigdy wcześniej takiego nie widziałem, ale jeśli Ci to przeszkadza, nie wahaj się – nie mam nic przeciwko, jeśli Ci to przeszkadza, daj mi znać!

Fascynują Cię różne scenografie? - Interesuje Cię nietuzinkowa scenografia, a może inna dla każdego aktu Twojego utworu? W porządku. Więc może burdel w pierwszym akcie twojej pracy, potem plac budowy w drugim akcie i kosmiczny akt III... Odradzam, ale zachęcam do eksperymentowania, ponieważ wymagałoby to profesjonalnych scenografów, którzy mogliby osiągnąć to, o co prosisz - coś, na co grupy amatorskie są mniej zdolne co możesz zrobić w porównaniu z profesjonalnymi budowniczymi – przy czym każdy akt ma trzy unikalne zestawy wymagające oddzielnej ekipy budowlanej – więc co by ci to dało? - I wynikłoby z tego więcej niż prawdopodobne rezultaty... więc co grupy amatorskie mogą wyciągnąć z wielu projektów scenografii niż wypróbowanie czegoś takiego...? - Amatorzy unikają takich skomplikowanych zestawów!

Teraz musimy uzgodnić scenografię do Twojego pierwszego dzieła, ale który wybrać? Jedną z opcji byłoby skupienie się na kobiecie, jej dzieciach i tym małym sklepie jako scenerii. Biorąc pod uwagę, że prawdopodobnie będzie ona odgrywać jedną z głównych ról, najlepiej byłoby, gdyby ta sceneria miała miejsce tam, gdzie ta osoba często spędza czas, na przykład w miejscu, w którym może znajdować się Twój sklep, ponieważ mogłoby to służyć jako idealna scenografia – jednakże pamiętaj o uwzględnieniu następujących czynników pamiętaj, zanim to zrobisz:

Wystawienie w pełni wyposażonego sklepu wymaga sporej pracy w przypadku grup; prawdopodobnie będzie potrzebne jedzenie i rekwizyty. Czy kobieta będzie musiała przenieść się do domu spokojnej starości (nie wiemy jeszcze, czy jej dzieci poradzą sobie z tym, czy nie), co potem stanie się ze sklepem. W zależności od rozwoju sytuacji prawdopodobnie zostanie ponownie otwarty jako kolejne przedsięwzięcie.

Scenografia wymaga czasu i wysiłku, dlatego sugeruję ustawienie tego dzieła w kuchni-salonie tej kobiety, z pośrednim przejściem prowadzącym bezpośrednio do sklepu w tle. Wygląda to naprawdę ładnie i pozwala widzom sobie to wyobrazić, nawet jeśli nie zobaczą tego bezpośrednio. Przepraszamy, że wracamy do kuchni z jedzeniem; ale to rozwiązanie wydaje się tutaj idealne. Czy sie zgadzasz? Doskonały.

Na początku każdego przedstawienia autor musi opisać jego scenografię. Trzeba mieć na uwadze nie tylko scenografię, ale także pomieszczenia niewidoczne dla widzów, a mimo to istotne dla tego, co się dzieje; choć nie musisz ich opisywać. Każda scenografia wymaga wejścia i wyjścia – w tym przypadku drzwi. Miejsce jego umieszczenia będzie zależeć od Twojego egzemplarza - jeśli nie ma to znaczenia, po prostu napisz to w swoim opisie. Wyobraźcie sobie naszą scenografię, w której duży korytarz prowadzący do sklepu jest umieszczony z tyłu – pod jego tylną ścianą – tak, aby był skierowany z dala od wszelkich czynników rozpraszających z zewnątrz. Po jego prawej stronie znajdują się drzwi prowadzące bezpośrednio na zewnątrz; natomiast po jego lewej stronie znajduje się kolejny, który prowadzi do innych pomieszczeń. Kuchnia, Sypialnia i Łazienka) Ponieważ nasz bohater nie zawsze będzie obecny ani w sklepie, w kuchni, ani poza domem; dlatego lewe drzwi doskonale sprawdzają się jako wejście do innych części rezydencji naszego bohatera. Jeśli więc mamy teraz troje drzwi (lub dwoje drzwi i przejście), konieczne jest ustalenie, czy okno jest nadal potrzebne lub pożądane. Okno zawsze dodaje wizualnego zainteresowania; ale jeśli cel twojego dzieła nie ma znaczenia (nikt nie musi zaglądać do środka ani na zewnątrz, nie ma możliwości ucieczki przez okno itp.), po prostu się obejdź lub pozostaw to scenografii.

W zależności od rozmiaru i możliwości scenografią można zająć się samodzielnie. Jeśli w trakcie pisania lub procesu twórczego zrodzi się pomysł na zabawę z oknami lub ich ramami, która jest również integralną częścią scenografii, jest to konieczne; ale nie narzucajcie scenografom teatru szczegółów, które nie wnoszą nic istotnego i niezbędnego do zabawy; po prostu dlatego, że pozwala na bardziej kreatywne pisanie! Rozważ ten pomysł w swojej głowie. Moja sugestia nie wymaga okien; wystarczą dwoje drzwi (prawe i lewe) z przejściem prowadzącym z powrotem do sklepu.

Teraz, gdy wiemy, że nasze cele są jasne, przygotujmy pokój. Podaj jak najwięcej szczegółów, ale zostaw wystarczająco dużo miejsca, aby grupy mogły stworzyć własną grafikę; i staraj się nie zawierać szczegółów, które są niepotrzebne dla dzieła. Jeśli jako reżyser gry i scenograf opisujesz popielatoszarą kanapę jako dominującą w pokoju, chciałbym wiedzieć, dlaczego ten konkretny kolor ma tak duże znaczenie dla Twojego dzieła. Więc pomiń coś takiego tylko dlatego, że tak to sobie wyobrażasz, nawet jeśli nie ma to absolutnie żadnego znaczenia. Gdy tylko Twoja sztuka zostanie opublikowana i wystawiona, z pewnością będziesz świadkiem kilku jej inscenizacji - każda z nich różni się znacznie także elementami scenografii. Przed złożeniem prośby pamiętaj o rozważeniu tych elementów, które wspierają i wzmacniają Twoje dzieło w ramach potrzeb scenograficznych. Meble powinny pasować do każdego charakteru. Ponieważ zdecydowaliśmy się na starszą panią do naszej sztuki (nazwijmy ją na razie Lady X), zakładam, że będzie jedną z sympatycznych postaci w niej. W wieku 70 lat być może nie radzi sobie szczególnie dobrze finansowo, ale nadal może chcieć prowadzić sklepik na rogu, traktując to jako źródło przyjemności. Ale jeśli będzie lubiana w swoim miejscu pracy, to z pewnością będzie lepiej zarządzała swoimi pieniędzmi – co ma również wpływ na naszą scenografię – co z pewnością mogłoby zmienić jego wygląd w salonie niesympatycznej bogatej osoby w porównaniu z salonem Lady X? - W tej chwili widzę czysty i przytulny salon z kuchnią, który nie wskazuje ani na bogactwo, ani na biedę. Czy jesteś taki sam? Jeśli jednak wyobrazimy sobie, że dzieci królowej X odbierają jej wszystkie zarobki, zmuszając ją do prowadzenia sklepu nawet na starość, pomimo trudności finansowych – to sytuacja całkowicie się zmienia, a scenografia z pewnością może stać się uboższa.

Od samego początku sceny ubóstwo Matki Bożej staje się oczywiste poprzez scenografię – bez potrzeby dialogu – poprzez natychmiastowe oświadczenie, bez konieczności dialogu ze strony któregokolwiek z naszych aktorów. Niestety, całość zamienia się w bardziej dramat, bo temat wydaje się bardzo poważny i dramatyczny... Myślałam, że zgodziliśmy się co do komedii - a ta druga opcja scenografii nie do końca była taka, jak uzgodniliśmy - mam nadzieję, że macie podobnie.

Wyobraź sobie ten umeblowany pokój i opisz go w swojej pracy. W salonach z kuchnią zazwyczaj znajdują się miejsca do siedzenia, takie jak ławka narożna lub po prostu stół i krzesła; biorąc pod uwagę, że nasza pani ma już 70 lat, fotel może mieć większy sens; ALE: Nie wahaj się i kreatywnie wykorzystuj rekwizyty i meble!

Jeśli w Twoim dziele znajduje się chińska rzeźba, jej obecność powinna mieć sens w kontekście. Jeśli wśród kryteriów opisu znajduje się odtwarzacz CD lub telewizor, powinny one również stanowić rozsądny wkład.

W pewnym momencie wysiłki twórcy sceny będą wymagały użycia urządzeń jako balastu i wysiłku. Kiedy pojawi się to w scenie aktorskiej, zapisz, że to zdjęcie należy do niej, jeśli się pojawi. Jeśli aktor użyje takiego w scenie akcji na sąsiedniej ścianie, również to zanotuj! Jeśli to oprawione zdjęcie ma być częścią innej sceny, zapisz także tę lokalizację jako dowód, że to konkretne zdjęcie pochodzi z niej.

Na początek obrazki powinny być zawieszane jako część gry. Jeśli jednak obraz nie jest częścią gry, nie czuj się ograniczony, wieszając go bezpośrednio na ścianie; ładne, małe przedmioty, które możesz znaleźć w swojej kuchni, mogą równie dobrze się sprawdzić; większość scenografów i tak ma tendencję do włączania takich dekoracji.

Scenografia (kalendarze, kwiaty, dekoracja stołu i szafek itp.) Czy wyraziłem się jasno? NIE? Pozwólcie, że zilustruję, na czym może polegać scenografia tego utworu:

Wygląd sceny:

Ta scenografia przedstawia kuchnię-salon Pani... (Pani X). Z tyłu znajduje się otwór prowadzący do sklepu spożywczego - widocznego ze wszystkich miejsc - z dostępnymi w nim różnymi opakowaniami żywności i napojów, szyldami reklamowymi tego sklepu oraz szyldami reklamowymi promującymi ten sklep spożywczy. Zasłona wykonana z drewnianych koralików lub pluszowych pasków uniemożliwia przejrzenie jej, chyba że ktoś przez nią przejdzie. Na zewnątrz znajdują się jedne drzwi prowadzące na prawą i lewą stronę.

Przestrzeń mieszkalna Lady X jest komfortowo i prosto urządzona, wyposażona w sofę, dwa fotele (lub ławkę narożną), stół, szafkę i telefon; w pobliżu znajdują się także gniazdka telefoniczne i odtwarzacze CD, a na ścianach trzy fotografie przedstawiające jej zmarłego męża, ich Syna i ją samą (patrz rysunek po prawej).

Synowa i wnuczka) z kilkoma powieściami wystawionymi na otwartej półce przymocowanej do ściany.

Jeśli potrzebujesz wielu zestawów do innych sztuk, które piszesz, wyszczególnij każdą scenę indywidualnie: Akt 1: - Akt 2: itd. Zadowolona? - OK, kiedy zastanawiałem się nad scenografią, zdałem sobie sprawę, że w pewnym momencie skorzystam z telefonu; muzyka również może dodać głębi. Aby Lady X mogła przeczytać; obrazy na ścianach symbolizują rodzinne ciepło, które również może mieć znaczenie w tej pracy; tutaj już przemyślałem nasze postacie, które pojawią się w przyszłych rozdziałach naszej gry!

Wielu autorów, w tym ja, lubi używać następującego popularnego zdania na końcu opisów scen: „Wszystkie inne wyposażenie pozostawia się grupie zabawowej”. Daje to scenografom pewną swobodę, a jednocześnie oczekuje od grup teatralnych umieszczenia na scenie rzeczy, które wydają się odpowiednie w oparciu o zabawę i dialog. Większość amatorskich grup teatralnych przywiązuje dużą wagę do swoich projektów; niestety nie każdemu udaje się to osiągnąć!

To, czego się teraz dowiedzieliśmy, to po prostu nakreślenie wymagań stawianych temu elementowi.

Jednakże te same zasady obowiązują w przypadku każdej scenografii, której potrzebujesz: opisz ją bardzo szczegółowo, pozostawiając jednocześnie trochę wolnego miejsca na scenie. Kiedy dekoracje sceniczne zaczną rosnąć i nabierać kształtu przed tobą, twoje serce może puchnąć; tylko po to, by później zobaczyć, że coś jest nie tak, przeglądając zdjęcia zrobione z tych planów; to się zdarza zbyt często!

Amatorskie zespoły teatralne – niezależnie od tego, jak dokładnie nakreślisz swoją scenografię – czasami zapominają o niektórych istotnych utworach, nawet po podjęciu kroków mających na celu uwzględnienie w ich scenografii wszystkiego, co niezbędne do osiągnięcia sukcesu. Jeśli chodzi o rekwizyty, których należy użyć tylko raz na akt, na przykład te potrzebne przed każdą sceną na początku każdego aktu. Czasami oznacza to ich całkowity brak! Kiedy to nastąpi, nie należy ich włączać jako części całego planu, ale przed każdą sceną.

Na tym etapie scenografia powinna być już gotowa. Zdobyłeś wystarczającą wiedzę na temat tego, jakich scenografii można i należy wymagać od różnych grup jako scenografii, a czego należy całkowicie unikać.

Zakładając, że mamy już opisany pomysł i scenografię, przejdźmy do jednego z najważniejszych rozdziałów: postacie czy bohaterowie. Jedną z kluczowych decyzji będzie liczba uwzględnionych; czy powinienem podać tylko moją idealną liczbę, czy też powinienem wziąć pod uwagę swoje możliwości i inne elementy, które wchodzą w grę w procesie decyzyjnym? Fakt: w Twoim utworze może brać udział 20 lub więcej aktorów, bez łamania jakichkolwiek zasad; w przedstawieniach wystawianych i pokazywanych w teatrach plenerowych bierze udział często 30-50 aktorów na raz, zwłaszcza w przedstawieniach historycznych, w których zwykle bierze udział nawet więcej. Uwielbiam oglądać takie rzeczy. Na zewnątrz jest też dużo miejsca; duża scena na świeżym powietrzu mogłaby w razie potrzeby z łatwością pomieścić 50 wykonawców, ale dla naszych celów skupmy się na małych przestrzeniach lub scenach, na których mogliby również występować duzi wykonawcy. Amatorskie grupy teatralne wymagają zazwyczaj jedynie określonej liczby aktywnych aktorów; liczba zależy wyłącznie od Twoich pomysłów i fabuły – czasami wystarczy dwanaście; innym razem potrzebne są tylko cztery. Na premierach moich sztuk reżyserzy często proszą o więcej aktorów. Nasza grupa składa się z 15 aktywnych członków; byłoby cudownie, gdyby cała 15-tka mogła wziąć udział." Tymczasem, będąc w innym mieście, często słyszę: „Och, proszę, napisz w przyszłości więcej utworów z mniejszą liczbą graczy; nasza grupa składa się tylko z 6 osób i nie każdy chce mieć jakąś rolę".
„No cóż, ponieważ trudno jest zadowolić każdą scenę, oto moja rekomendacja: dla 7 do 8 osób na sztukę, aby zapewnić łatwość i dostępność na większości scen. Jednakże możesz spróbować napisać scenę na 6, 10 lub 13 osób jako alternatywę ; ale ogólnie rzecz biorąc 7-8 jest optymalne."
Każda postać wymaga imienia. Każdemu z nich możesz nadać własną, charakterystyczną tożsamość; unikaj jednak imion znanych osobistości, ponieważ byłoby głupio, gdyby twoi bohaterowie nosili nazwiska takie jak Helmut Kohl, Heidi Kabel czy Veronica Ferres – mogłoby to nawet spowodować konflikty. Ale nawet jeśli imiona Twoich postaci nie są „sławne", upewnij się, że są właściwe. Jeśli na przykład może pojawić się znana firma, taka jak Apple. Jeśli A. jest prowadzona przez Hansa i Beate Hansenów, Ludgera Memmenów lub Detlefa Meyerów jako małżonków, to rozsądnie byłoby nie wspominać o nich bezpośrednio w swoim artykule. Są ludzie, którzy nie interesują się teatrem, a jednak usłyszenie lub przeczytanie ich nazwiska w nieznanym dziele może wyrządzić krzywdę emocjonalną ich osobowości. Jeśli ten niefortunny zbieg okoliczności dotyczy dwóch prawdziwych osób z dużej firmy lub podobnego kontekstu; nikt nie powinien cię winić!

Moi bohaterowie często biorą swoje imiona ze starej książki telefonicznej. Teraz dostępna jest także opcja CD-ROM. Tworząc swoje historie, czasami w kreatywny sposób mieszam imiona i nazwiska; Ty decydujesz, jak najlepiej podejść do tego wyzwania.

Porozmawiajmy o nazywaniu naszych postaci i obsadzie naszej sztuki. Na początku ważną rolę odgrywa Królowa X. Jakie imię będzie dla niej najlepsze? - Może wystarczyłaby Leni Kramer od jej pierwotnego imienia Helene, a może Gerda Krupp, Johanna Muchal lub Gesine Peters pasowałyby lepiej, w zależności od Twojego osobistego gustu? Kolejną kwestią przy wyborze odpowiedniego imienia jest uwzględnienie ich wieku – na przykład Królowa X powinna mieć około 17–18 lat.

Co najmniej 70 lat temu nikt by nie rodził. Inny przykład: jeśli w zabawie uczestniczy pastor, jego dzieci mogą mieć imiona takie jak Szymon, Jan, Maria czy Estera – tych subtelności można się szybko nauczyć – zaufaj mi! Czasami imię może pomóc określić, kim jest dana postać; może to zależeć od osobistych preferencji; dla sympatycznej młodej kobiety wolę Silvię, Helgę lub Heidi jako imiona do rozważenia. Mam tendencję do kojarzenia imion takich jak Katharina, Elisabeth czy Gertrud z postaciami na scenie skłonnymi do konfliktów, więc czytając ich imiona, wyobrażam sobie te kobiety jako odpowiedzialne. Zamiast tego wolę nazywać wszelkie męskie postacie, które wydają się nieco niezręczne, Joachimem Focko Gerdem Heinrichem lub Kunibertem. Sven, Jorg, Andre czy Sebastian nie wydają się odpowiednimi imionami dla takich postaci; nie zgadzasz się? Ale jak w przypadku wszystkiego, może to być tylko osobista opinia. *Jeśli któryś z czytelników identyfikuje się jako Elisabeth lub Gertrud i uważa się za cudownych ludzi, proszę wybaczyć mój komentarz jako obraźliwe uogólnienie.

Swoją drogą zakładam, że nasza pani X jest pochodzenia niemieckiego - stąd jej niemieckie imię Helene Kramer (znane przez Leni).

Kto jeszcze powinien wystąpić w naszym przedstawieniu? Syn i synowa Leni? To samo miałam na myśli opisując scenografię (zdjęcia na ścianach). Jeśli to do ciebie wróciło – dobrze. Biorąc pod uwagę, że Leni była wcześniej zamężna, ich nazwiska prawdopodobnie ulegną zmianie; może Rudolf i Ina Pleiss? Dlaczego mielibyśmy? Biorąc pod uwagę naszą zgodę co do tego, że Leni jest wdową, wydaje się to całkiem odpowiednie do tej historii. Jak dotąd mamy trzy liczby; Leni, jej syn i jego żona. Jeśli Leni wyszła za mąż w wieku 20–30 lat, otrzymalibyśmy 40–50-letnie wersje każdego z nich. Czy oboje mają dzieci? Czy byłoby akceptowalne, gdybyśmy przyjęli na siebie rolę znalezienia i zatrudnienia osoby, która ma znakomite relacje ze swoją babcią i mogłaby odegrać integralną rolę w naszych powiązaniach grupowych? Czy Daniel

Pleiss by się sprawdził? Cienki. Przy takim przedziale wiekowym zawsze będzie miejsce na rozwój między grupami – dla wszystkich zaangażowanych osób.

Postacie w utworze. Prosimy o podanie konkretnych informacji o wieku jedynie wtedy, gdy jest to naprawdę konieczne; mógłbym podać przykład taki jak: „75. urodziny". Idealnie byłoby jednak, gdyby aktor najpierw przedstawił siebie jako osobę w wieku 74 lat, a następnie wcielił się w tę postać na scenie. Nasz artykuł koncentruje się na uświadomieniu sobie przez Leni wieku emerytalnego i prawdopodobnie pojawi się to w jej dialogu. Dlatego jego wiek powinien lepiej odzwierciedlać rzeczywistość niż innych bohaterów. Zatem dla naszej Leni liczba ta wynosi 70! Zespoły teatralne muszą obecnie wystawiać do tej roli aktorkę w wieku 70 lat, a charakteryzatorzy są w stanie za pomocą sztuki makijażu zmienić 20-latki w starą kobietę. Uczynienie kogoś młodszym wymaga więcej wysiłku; jeśli omówienie dokładnego wieku stanie się istotne w dialogu lub zostanie wprost zadane pytanie o jego znaczenie, pamiętaj o dokładnym podaniu tego faktu w dialogu lub innych formach dyskusji.

A teraz nasze liczby. Teraz jest nas czworo: Leni, Rudolf, Ina i Daniel – pamiętacie naszą podstawową ideę? Wyobraź sobie jeszcze raz tę scenę z Leni w jej sklepie i co może się wydarzyć. Konflikt istnieje już w naszej podstawowej idei – na wypadek, gdyby wyleciał ci z głowy… oto przypomnienie: 70-letnia kobieta prowadząca sklep narożny powinna zostać wysłana przez swoje dzieci do domu opieki".

Zasadniczo tę historię można podzielić na „dobrych" i „złych". To dobrze, bo w przeciwnym razie nie byłoby konfliktu, co sprawiłoby, że każda zabawa stałaby się przyziemna i nudna. Nadal potrzebujemy postaci wspierających stronę Leni (np. jej matki lub taty). Ważne są postacie, z którymi Leni może omówić swoją sytuację: do kogo mogłaby się zwrócić, przyjaciele w podobnym wieku, z którymi może omówić plany na przyszłość swoich dzieci, może ktoś też jest wdową... Hhm... To może okazać się całkiem interesujące ! Wybierzmy dwa: Helga Willms i Trude Lehmann to tylko dwa nazwiska, które wymyśliłam – teraz mamy już sześciocyfrową liczbę; czy to wystarczy? Osobiście wolałbym dwa dodatkowe tylko ze względu na większą złożoność - daj mi znać, co myślisz poniżej w sekcji komentarzy poniżej! Myślę, że tak Twój syn przedstawił Leni osobę, z którą potencjalnie mogłaby się zbliżyć, poważnie zakochać się w Leni lub po prostu pośredniczyć w jego spisku przeciwko Leni? Poza tym, co powiesz na młode kobiety jako potencjalne zalotniki? - Daniel mógł poznać tę młodą damę poprzez przyjaźń lub romantyczne zainteresowanie; ale co by było, gdyby syn Leni, Daniel, także miał młodą kochankę? Wszystko jest możliwe i planuję stworzyć obie postacie; nazwijmy pana Karla-Heinza Ahrensa i młodą damę Gabi Meyer! Uważam, że w tym momencie zakończyliśmy naszą listę postaci. Chociaż mogą być potrzebne dodatkowe osoby lub wyeliminowane istniejące postacie; to będzie zależeć od ewolucji utworu. Stwórzmy pełną listę, która powinna pojawić się na stronie 4 Twojego manuskryptu i mogłaby wyglądać mniej więcej tak: Gracze: 5 kobiet/3 postaci męskich

Helene Kramer (zwana Leni) – wdowa (70 l.). Rudolf Pleiss – syn Rudolfa z pierwszego małżeństwa (40-50 lat). Ina Pleiss była żoną Rudolfa z jego drugiego małżeństwa (ok. 40-50 lat). Daniel Pleiss (obaj synowie – 20-25 lat). Dodatkowo Helga Willms, bliska przyjaciółka Leni, miała około 60 lat. Trude Lehmann również odegrała integralną rolę. Karl-Heinz Arens był obecny przez cały ten okres -70 lat).
Gabi Meyer (20-25 lat).

Ponieważ w naszej sztuce potrzeba pięciu aktorów i trzech aktorów, ta kombinacja powinna okazać się wszechstronna i można ją wykorzystać na wielu scenach. Role Karla-Heinza i Gabi nadal pozostają otwarte – w miarę jak piszemy, ich relacja z Leni wciąż się rozwija. Wybierając przyjaciół Leni, zdecydowałem się na wiele grup wiekowych, ponieważ na wielu etapach nie występuje trzech graczy, którzy mają już razem 70 lat – a poza tym zapewniane są humorystyczne dialogi między postaciami, z których każda ma odmienne punkty widzenia ze względu na różnicę wieku.
Charakter i wygląd Opis postaci

Teraz, gdy bohaterowie zostali wybrani, możesz poświęcić trochę czasu na opisanie każdej postaci na następnej stronie. Chociaż niektórzy autorzy robią to wyraźnie, wolę, aby dialog prowadził mnie bezpośrednio do rozwoju postaci – w przeciwnym razie moja praca prawdopodobnie nie wypadłaby tak dobrze. Postacie istnieją wyłącznie w Twojej głowie. Konflikt dodany wcześnie tworzy różne typy ludzi o odrębnych cechach charakteru; podobnie opisy ubrań powinny opisywać, kto się pojawia. Ubiór zależy także od charakteru. Jeśli bardziej sensowne będzie dla Ciebie wizualizowanie swoich postaci na stronie 5, możesz to zrobić. Na tej samej stronie pod ich imionami i nazwiskami wpisz czas odtwarzania, miejsce i ewentualnie czas trwania utworu - wydawcy i grupy ogromnie doceniają ten gest! To mogłoby wyglądać mniej więcej tak:

Czas i miejsce spektaklu: Lato w Blumberg (mała wioska gdzieś w Niemczech).
Czas gry: ok. 100 minut bez przerw
Czas odtwarzania Twojego utworu zależy wyłącznie od Ciebie; niektóre prace powstały także w związku z konkretnymi świętami, takimi jak Boże Narodzenie, Wielkanoc czy Zesłanie Ducha Świętego; następnie automatycznie określa sezon. Oczywiście, jeśli Twój utwór obejmuje wiele sezonów, pory roku również się

zmieniają. Na przykład: Jeśli Akt 1 jej sztuki rozpoczyna się w lutym; poród dziecka ma miejsce podczas Aktu 2, który przypada na sierpień lub wrzesień; Ta informacja jest niezbędna, ponieważ aktorzy prawdopodobnie będą nosić inne ubrania odpowiednio zimą i w sierpniu, a do dialogu można dodać więcej dialogów klimatycznych. Wolałbym, żeby akcja naszej sztuki rozgrywała się wyłącznie latem; Nie znam jeszcze czasu trwania, ale nie powinno wystarczyć więcej niż 4-6 tygodni - lub może wystarczyć jedno lato.

Otoczenie: Inspiracją dla tego dzieła z jego uroczym sklepikiem spożywczym były obrazy małych wiosek – zarówno miejskich, jak i wiejskich.

Miejsce akcji Twojego dzieła nie ma tak naprawdę znaczenia; liczy się tylko to, że odbiorcy szybko rozpoznają, że tę małą miejscowość i najbliższe miasteczko dzielą zaledwie kilometry. Wolę tworzyć fikcyjne nazwy miejsc; W moich pracach rzadko pojawiają się prawdziwe miejsca. Niektóre grupy lubią nawet dostosowywać akcję do miejsca, w którym faktycznie odbywa się ich występ, jeśli to konieczne; Nie przeszkadza mi to; i tak nasze miejsce w Blumberg brzmi jak wioska!

Czas odtwarzania zależy od długości stron. Na przykład wybranie rozmiaru czcionki Times New Roman 12 i rozmiaru strony DIN A5 dałoby efekt podobny do przykładowego okna dialogowego na stronie 61 tej książki – jednakże zalecam wstawianie akapitów pomiędzy dialogami, aby uzyskać dodatkowy efekt. W tym formacie 90 stron tekstu odpowiada około 90 minutom czystego odtwarzania; wskazówka: idealny kawałek nie powinien przekraczać 120 minut bez przerw – najlepiej 90.

Podane w opisie 100 minut nie jest wiążące i służy jedynie jako przykład.

Na pierwszych kilku stronach powinien znaleźć się zarys treści, ale może to nie być jeszcze możliwe, ponieważ nie wiemy jeszcze wszystkiego; przynajmniej nie ja! Ale jeśli wiesz, to gratuluję i zachęcam do natychmiastowego spisania tego wszystkiego.

Programy do edycji tekstu dają nam możliwość dowolnego dodawania i usuwania tekstu oraz zmiany układu w dowolnym momencie, tak jak robią to wydawcy przed wydrukowaniem manuskryptu. Sugeruję przynajmniej teraz ustawienie stron dla swojego artykułu; niektórzy wydawcy używają formatu DIN A4, inni wolą DIN A5. Ostatecznie to od Ciebie zależy, który format będzie początkowo odpowiedni dla Twojego dzieła – zawsze możesz później zmienić format!

Zakładając, że chcesz coś zmienić, ułóż strony w formacie DIN A5, zaczynając od strony 5. Na tej stronie zaczynasz pisać pierwszy akt; strony tytułowe 2-4 zawierają tytuły/autorów/treść/odtwarzaczy i szczegóły scenografii; wszystko, czego naprawdę potrzeba do skonfigurowania stron, to tabulator z imionami postaci po lewej stronie i dialogami umieszczonymi w tabeli, dzięki czemu aktorom łatwiej jest się uczyć - w ten sposób:

Beatrice: Paula, spójrz z innej perspektywy: jesteś singielką i potrzebujesz pewnego rodzaju wsparcia – w wieku 55 lat oznacza to utrzymanie się wyłącznie z jednego dochodu…

Paula: Dziękuję, że przypomniałeś mi o moim niezwykłym życiu!

Beatrice: Po co zawracać sobie głowę braniem urlopu, skoro jedyne, co da, to tymczasowe wytchnienie w Merseburgu, a ty nie masz żadnego talentu do wybierania prezentów świątecznych?

Paula: Trzymaj się! Dzieci mojej siostry Gertrudy co roku z niecierpliwością czekają na prezenty od ciotki Pauli; czyli troje z nich w wieku 12, 15 i 21 lat – wiem, jakie wymagania stawiają młodzi ludzie w zakresie prezentów (znowu je). (Paula musi zrobić pauzę)

Beatrice: Prezenty świąteczne w tym roku mogą być mniejsze.

Paula: Tak, dokładnie o 50 procent mniejszy. - Czy obchodzi Cię, co z nami tutaj robią?! Dlaczego zawsze się tak zachowujesz - PIANO?

Beatrice: Ponieważ nie ma sensu złościć się na rzeczy, na które jako przeciętni obywatele nie mamy wpływu. Na przykład niemiecka gospodarka boryka się z ostrą

konkurencją, podczas gdy inne kraje europejskie mogą produkować czekoladę w sposób bardziej opłacalny – tak to właśnie działa.
Paula: Witam... Czy mogę poznać Twoją perspektywę na to spotkanie wszystkich pracowników firmy...? Paula:

Czy wykonałeś ten krok? Świetnie. Teraz wybierz czytelny krój pisma; Popularne opcje to Times New Roman i Arial. Jeśli to wszystko powoduje problemy, a jesteś nowy w programie WORD lub potrzebujesz ode mnie dalszych instrukcji, mogę zaoferować jedynie podstawowe wskazówki; moja książka nie zawierałaby szczegółowych wyjaśnień na temat korzystania z programu do edycji tekstu, takiego jak Word. Dlatego najlepszą opcją może być zatrudnienie kogoś doświadczonego, aby nauczył Cię podstaw lub wzięcie udziału w kursie WORD.

Na stronie 5 piszesz „NAJPIERW AKT. Akty 3-aktowe są niezwykle popularne wśród grup teatralnych i sam wolę pisać sztuki w tej formie. Liczba aktów zależy w dużej mierze od tego, jak często i czy w ogóle Twoja praca wymaga czasu- skakanie; ponieważ prawdopodobnie będzie to twój pierwszy wysiłek, prawdopodobnie najrozsądniej będzie zacząć od 3-aktowego przedstawienia. Najpierw opisz, jak układa się pierwsza scena po otwarciu kurtyny: czy pojawiają się postacie, czy nikogo tam nie ma a my słyszymy tylko hałas? W „Welcome to Chez Andre", napisanym wspólnie z Christophem Bredau, wszystko wygląda mniej więcej tak:

Pierwszy akt. (Kiedy kurtyna się podnosi, Andre i Frank siedzą wokół stołu i czytają wydanie gazety codziennej, wyglądając na nieco przygnębionych. Na stole leży telefon komórkowy; jest wtorkowe popołudnie, a porozrzucane przedmioty, takie jak ubrania, gazety, puste butelki i paczki żywnościowe).
Nie przesadzaj, ale wyobraź sobie dwie osoby ubrane niechlujnie (t-shirty lub rozpięte koszule bez guzików, dżinsy z pęknięciami i znoszone tenisówki, stare trampki). Nie wyglądają na zbyt uporządkowane. Wygląda na to, że mają mieszane buty. Wydają się też niezbyt schludni wobec siebie – niezupełnie schludni, ale też nie brudni – kiedy zbliżają się do siebie w „niegrzeczny sposób").

Musisz więc szczegółowo opisać, kto jest obecny, co robi i jakie rekwizyty mogą być jeszcze potrzebne w scenie. Opisując stroje aktorów, a także nastrój/zachowanie/porę dnia, wszystko to może pomóc widzowi wywołać wrażenie, że widz odnosi wszystko, co widzi na raz: całą scenografię i pierwszą scenę – natychmiast go o tym poinformuj, bez potrzeby dialogu ze strony samych aktorów!

Co bym pomyślał, gdybym jako widz opisał początek „Welcome to Chez Andre" tak jak to zrobiłem wcześniej w ciągu zaledwie 10–20 sekund?

Mogę sobie wyobrazić dwóch mężczyzn, żadnego z nich nie ubranych zbyt schludnie, czytających razem gazety przy stole, wyglądających na znudzonych, i siedzących i czytających oboje, wyglądających na raczej znudzonych – natychmiastowe zrozumienie dla każdego widza! Ta scena powinna być jasna dla wszystkich, prawda?

Gdy tylko publiczność zacznie myśleć, Twój utwór rozpoczyna swój pierwszy dialog. Nie ma potrzeby długich przedmów i wstępów; zacząć bezpośrednio od tej sytuacji początkowej. Jako widz już widzę, że między obydwoma bohaterami jest coś nie tak; ich interakcje wydają się niespokojne, przez co widz wie coś o tej pozbawionej słów scenie. - Innym przykładem może być:

Na początku I aktu (Wielki Czwartek ok. 16.30) w momencie otwarcia kurtyny na scenie nie będzie żadnych wykonawców; zamiast tego są tylko kwiaty z zwiędłymi płatkami, siedzące zwiędłe na kwietnikach i parapetach, razem z telewizorami przykrytymi prześcieradłami lub materiałami i ewentualnie innymi przedmiotami pokrytymi materiałami.)

Tutaj sytuacja wyjściowa jest bardziej nietypowa. Żadnego gracza na scenie. Obecne są zwiędłe kwiaty i zakryte meble; co widz powinien o tym wszystkim sądzić? Czy ukrywają się tu ludzie? Z pewnością tak to wygląda...

Dawno nikogo tam nie było – nie wiemy, czy mieszkanie jest puste, czy jego mieszkańcy wyjechali – ale widz szybko się o tym przekona już w pierwszej scenie i w dialogach, które po niej nastąpią. Jeden fakt nie został ujawniony w tekście: Jest Wielki Czwartek; jednakże wkrótce staje się to znane dzięki następującemu po nich dialogowi. - Trzeci przykład:

Harald siedzi przy biurku i pisze na klawiaturze komputera; Lena odkurza przed nim kurz; Harald wydaje się zirytowany jego hałasem, podczas gdy Lena jest tym wszystkim zmartwiona i nieustannie ociera łzy - a wszystko to w zwykły sobotni poranek!

Po podniesieniu kurtyny na scenie pojawia się dwóch żywych aktorów; mężczyzna i kobieta. Chociaż nie wiadomo, czy ci dwaj są już małżeństwem, czy partnerami życiowymi; niemniej jednak widzimy dowody konfliktu bez wymiany słów – zirytowany dźwiękiem odkurzacza; Wyglądała na bardzo zmartwioną tym wszystkim. Żadne dodatkowe rekwizyty (no może poza tym samym odkurzaczem) nie wydają się tu potrzebne – tak naprawdę scenografia pozostaje niezmieniona, tak jak to opisano wcześniej.

Po opisaniu początku gry rozpocznij dialog natychmiast w pierwszej scenie Aktu 1. Niektórzy autorzy próbujący napisać swoją pierwszą powieść popełniają błąd, pisząc długi dialog jako wstęp otwierający; może to być nudne i niezręczne. Zamiast tego od razu przejdź do akcji w Scenie 1, bez zbędnych wstępów, ponieważ relacje i konflikty powinny pojawiać się naturalnie podczas gry.

Jako widz często widzę, jak reżyserzy wychodzą przed kurtynę i witają nas, a następnie wyjaśniają i opisują dzieło – czasem aż do najdrobniejszych szczegółów, łącznie z ewentualną puentą. W takich momentach mógłbym wyjść na scenę i natychmiast zabić tę osobę; ktoś musi mi najpierw wszystko wytłumaczyć!

Choć bardzo chcę to teraz obejrzeć, treść musi być tak słabo napisana lub ta osoba tak niekompetentna, że wymaganie to wymagało.

Robi to, ponieważ zakłada, że jego widzom brakuje inteligencji, aby docenić komedię. Trzecia możliwość może polegać na tym, że wycięto tak dużo tekstu, że konieczne jest wyjaśnienie; jako widz muszę jednak zrozumieć wszystkie elementy bez konieczności ogłaszania i wyjaśnień ze strony urzędnika.

Jak zatem mogłaby wyglądać scena otwierająca Twoją sztukę? Teraz, gdy rozumiemy jej główną koncepcję, masz kilka możliwości rozpoczęcia akcji tej historii. Rozważ następujące możliwości: 1. Na scenie nie ma żadnych muzyków, ale słyszymy, jak Leni żegna się z klientem, zanim zaraz potem wchodzi do salonu. 2. Leni i jej dzieci siedzą wokół stołu. 3. Leni wprowadza Daniela do salonu, swojego wnuka.

4. Leni jest w swoim sklepie, kiedy wchodzą jej syn i synowa, rozmawiając o jego przyszłości wraz z przyszłością sklepu Leni i jej własnego.

Akcję można rozpocząć na różne sposoby, ale ostateczny wybór należy do Ciebie. Konflikt jest podstawą wszystkich przedstawień komediowych, dlatego też powinien pojawić się w ciągu pięciu minut lub szybko rozwinąć się w pierwszym akcie – tworząc ekscytującą i zabawną sztukę! W naszym przypadku oznaczało to wystarczająco szybkie dostarczanie aktualnych informacji o tym, co porabiają dzieci Leni.

Od czasu do czasu otrzymuję rękopisy od młodych pisarzy, którzy szukają mojej szczerej opinii, zanim zaprezentuję je wydawcom. Chociaż dramaturgicznie poprawne sztuki są kwestią subiektywnego gustu, nadal mogę szczerze doradzić początkującym pisarzom w sprawie poważnych błędów w ich rękopisach lub ich braku. Kiedy czyta się dzieło, dwóch lub trzech aktorów prowadzi przyjemną rozmowę, podczas której wszystkie zaangażowane strony po prostu kiwają głowami lub zgadzają się bez sporu, a widz zaczyna się zastanawiać, co się dzieje, z pewnością nie jest to dobre pisanie; coś musi się wydarzyć albo przynajmniej sprawić, że będą myśleć w ten sposób!

Na scenie nic interesującego nie powinno dziać się bez konfliktów! Zapamiętaj to zdanie:

„Żaden konflikt nie jest odpowiedni!!!!". A zatem oto jak nasz utwór mógłby rozpocząć się w pierwszej scenie:

Rudolf i Ina stoją w milczeniu w pokoju, gdy kurtyna się otwiera; obaj wyglądają na niepewnych i niepewnych. Słychać od tyłu, jak Leni żegna się z jednym ze swoich klientów).

Jeśli wybierzemy tę drogę, widz od razu zanurzy się w pierwszej scenie dramatu. Chociaż możesz już przewidzieć, że Rudolf i Ina będą chcieli poznać Leni, zmieńmy sytuację: A co zamiast tego:

(Kiedy kurtyna się otwiera, na scenie nie ma już żadnego gracza. Następnie Leni podchodzi od tyłu z kasą, siada przy stole i zaczyna liczyć pieniądze; wkrótce potem z prawej strony wchodzi Daniel.)

Teraz dowiadujemy się o Leni i jej sklepie, spotykamy Daniela i możemy pozwolić, aby konflikt wyłonił się później – od Ciebie zależy, jak szybko widzowie napotkają ten konflikt; ważne, że w ogóle to nastąpi.

Spektakl zazwyczaj składa się z wielu aktów. W pierwszym akcie wywołujemy konflikt, przekazując widzom informacje o postaciach; w drugim akcie rozwijamy elementy fabuły i osiągamy kulminacje; wreszcie w akcie trzecim wyjaśniamy konflikt i kończymy go – wcielając się w większość postaci, pozostawiając jednocześnie widzom przyjemne wrażenia wizualne.

Każdy element naszej zabawy zawiera nie tylko wątek główny, ale może także zawierać wątki poboczne. Główną fabułą jest Leni i jej sklep; dodatkowe wątki poboczne mogą wiązać się z pociąganiem Rudolfa do Daniela i odwrotnie, lub ewentualnie z problemami małżeńskimi Leni.

Zanim napiszę Twój pierwszy akt, chcę zwrócić uwagę na błąd, który często spotykam w rękopisach nadesłanych przez młodych pisarzy: często popełniają oni błąd, zbyt wcześnie rozbijając romantyczne pary lub po prostu nie dając w ogóle wystarczającego rozwoju charakteru. W żadnym wypadku nie powinno to mieć miejsca:

Akty zazwyczaj trwają 25–35 minut (jeśli gra w trzech lub czterech aktach jest wystarczająco długa) bez żadnych przesunięć czasowych; więc jeśli scena przy śniadaniu zaczyna się o 8:00 i kończy o 8:30, to akt kończy się o 8:30. Akt drugi należy rozpocząć około 15:00 po południu, a zakończyć około 15:30. To powinno sprawić, że czas podczas gry stanie się realny; jeżeli jednak nie da się uniknąć przesunięć czasowych (np. ze względu na to, że aktorzy wchodzą i wychodzą o różnej porze), należy znaleźć inteligentne rozwiązania (np. wprowadzenie wielu aktów i różnych scen jednocześnie). Zmień wieczór na poranek, korzystając z muzyki i efektów świetlnych, aby widz był świadomy tych przesunięć czasowych. Najlepiej, aby miało to miejsce podczas odpowiedniej przerwy, gdy na scenie nie ma aktorów; ale ogólnie rozsądniej byłoby tego nie robić. Pomiędzy aktami możesz bawić się czasem według własnego uznania – mogą to być minuty, godziny, dni, tygodnie, miesiące i lata! Tylko nie zmieniaj czasu jednym aktem! Czytałem rękopisy i widziałem sztuki, w których pierwszy akt zaczyna się przy śniadaniu, a kończy 25 minut później, gdy główny bohater idzie na dyskotekę, która otwiera swoje podwoje o 8 rano! A jednak dialog zwykle wskazuje, że był już późny wieczór – jak mam rozumieć ten scenariusz jako widz? Nie popełniaj tego rodzaju błędu!

Podczas pisania trzymaj każdą postać na pierwszym planie. Gdzie ona teraz jest – jakie ma zamiary? Zapobiegnie to wejściu Leni do sypialni i późniejszemu wyjściu z niej jako osoba z zewnątrz; musiała wejść w jakiś inny sposób, jeśli tak było, a w sztuce nie podano rymu ani powodu takiego działania; w przeciwnym razie widz może poczuć się zdezorientowany i zdezorientowany. - Ta sama technika działa również podczas pisania fikcji flash.

Czas trwania nieobecności odnosi się do czasu trwania nieobecności aktorów; na przykład, gdy postacie dokonują dużych zakupów, powinny przeznaczyć wystarczającą ilość czasu i pozwolić widzom śledzić postępy najlepiej, jak potrafią. Uważaj na najdrobniejsze szczegóły, które mogą przemknąć; widzowie mają bardzo bystre oczy, które zauważają wszystko i wszystko jest dla nich bardzo łatwe do zauważenia; więc kiedy aktor wychodzi z pokoju, aby udać się na zakupy, nie może wrócić w ciągu dwóch minut z pełnymi torbami. Zastanów się, ile czasu potrzebujesz na zakupy; daj temu aktorowi wystarczającą ilość czasu ekranowego w swoim utworze lub, jeśli to konieczne, pozwól mu pojawić się ponownie.

Pisząc pierwszy akt, pamiętaj, że każda linijka wypowiedziana przez twoich bohaterów musi nieść ze sobą znaczenie. Zadaj sobie pytanie, dlaczego aktor coś mówi. Nie wiesz dokładnie, co ten aktor ma na myśli? Patrzeć:

Anne: (po chwili namysłu) Co sądzisz o naszym nowym serwisie do herbaty? Florian: Matka i ojciec kupili go z okazji 20. rocznicy ślubu siostry matki; co najmniej sześć filiżanek kupiła sama matka w sklepie Purple Flowers Tea Party Shoppe (Burwood Road). Anna:

Florian: Coś pięknego na ścianie zostanie na całe życie – odpowiedziała Ania z pogardą. Jaki motyw był zamierzony? Może naga kobieta do swojej sypialni? Florianowi może spodobać się coś podobnego (uśmiecha się)

Anne: Tak, oczywiście – zapomnijmy o tym szybko – idealny prezent powinien być czymś nieoczekiwanym, co nie tylko sprawi radość Ojcu. Florian: Dlaczego prezenty na srebrną rocznicę ślubu rodziców muszą być wyraziste i dziwaczne? Anne: No cóż, ponieważ jesteśmy dziećmi - to na pewno nie powinno być zbyt trudne?

Florian: Jak myślisz... - Mama od tygodni narzeka, że jej garnki ciągle się palą. Anne: To niedopuszczalny prezent ślubny od dzieci! Nie oddają sprzętu AGD i garnków.

Florian: Jasne. Lepsze coś praktycznego niż coś, czego nie będą używać, niż coś bezcelowego, jak jakieś bezużyteczne bibeloty lub zabawki, których nigdy więcej nie użyją. Anne: Nie, dziękuję – to nigdy nie wystarczy! Gdyby mój mąż dał mi w dniu ślubu coś praktycznego, na przykład urządzenie do gotowania jajek lub toster, też bym tego nie poślubiła!

Jak widać, rodzeństwo zastanawia się nad odpowiednim prezentem dla rodziców na srebrną rocznicę ślubu, jednak żadne z nich nie jest zgodne co do idealnego rozwiązania – jeden syn woli względy praktyczne, drugi zaś marzy o romansie i chce, żeby było zrobione dobrze. Poprzez dialog dowiadujemy się wiele o obu postaciach – każde zdanie samo w sobie ma znaczenie, dając wgląd w to, kto i kiedy powiedział!

Kluczem jest ograniczenie niepotrzebnych szczegółów tylko dlatego, że scena powinna być dłuższa; podążaj drogą, pozostając skupionym; z czasem uda ci się to opanować, ale na początku zadawaj sobie pytanie: „Dlaczego postać X mówi lub reaguje w ten sposób?" i „Dlaczego postać Y zareagowała w ten sposób?" jako podpowiedzi.

W nawiązaniu do mojej wcześniejszej sugestii pozwól, że zasugeruję, jak mogłaby rozpocząć się nasza komedia w początkowej scenie:

1. Leni: (wchodzi od tyłu sklepu ze swoją kasą i książką, podchodzi bezpośrednio do stolika i siada. Tam zaczyna liczyć pieniądze i zapisywać liczby w zeszycie, po czym czuje się przytłoczona i całkowicie zaprzestaje liczenia). Jej ubranie wydaje się normalne i codzienne).

2. Scena 2 Daniel (wchodzi z prawej strony, ubrany w letni, sportowy strój i chwilę wcześniej puka. Leni cieszy się na widok wnuka) Daniel! Mój chłopak! Daniel: (podchodzi i całuje Leni w policzek), po czym pyta, jak poszło dzisiaj, po czym komplementuje sprzedaż, czy wszyscy byli zadowoleni?

Leni: Jeśli chodzi o moje potrzeby, to zawsze są one zaspokajane i nie nazywają mnie już Ciocią Emmą.

Daniel: Babciu Leni, czy mogę prosić o jeszcze paczkę papierosów? To Leni: Palisz za często...

Daniel: (przerywa jej) Palenie szkodzi zdrowiu, postarza skórę, może zmniejszyć impotencję i śmierdzi...- Babciu, rzucenie palenia nie jest takie proste... Leni: Twój dziadek czuł się wtedy dokładnie tak samo; on też nie mógł powstrzymać się od palenia, a miał zaledwie 73 lata!

Daniel: Babciu, potrzebuję Twojej pomocy. Twój dziadek miał wypadek. mes Leni: (trochę smutny) Tak. Nie mówmy o tym; po prostu sobie pomóż. Daniel (głaska ją krótko po ramieniu, po czym wychodzi, aby pomóc swojemu partnerowi w sklepie) Leni (patrzy na niego przez chwilę, zanim kontynuuje pracę księgową)

Trzecia scena

Ina i Rudolf wchodzą w letnich ubraniach. Rudolf wita się krótko z Iną, podczas gdy Ina wchodzi bezpośrednio i stanowczo: Dobry wieczór teściowo! Rudolf szybko odpowiada: Mamo.

Leni: (lekko zaskoczona) Tak, a ty? Kiedy tu przyszedłeś, wciąż dokonywałem codziennych rozliczeń! Co mogę ci zaoferować, herbatę?

Ina: [z determinacją i stanowczością] Teściowa, proszę, usiądź jeszcze raz, bo dzieje się między nami coś, co musimy omówić. Leni usiadła, niepewna, co się dzieje i dlaczego

Ina ma taką poważną minę. Ina nadal z determinacją mówiła, co myśli: Wyglądasz dziś bardzo poważnie, Ina! Ton Iny był wyraźny, kiedy weszła, powoli wstając po tym, jak w końcu ponownie usiadła: Tak? Więc co się dzisiaj dzieje, Ina? Ale wydajesz się taki poważny! Co więc sprawia, że Ina jest tak poważna? A co się dzieje z jej poważnym wyrazem twarzy? Patrzy na Leni całkiem poważnie, gdy ona powoli siada z powrotem niepewna, niepewnie siada z powrotem powoli: Tak? Więc o czym dzisiaj mówimy, Ina? Ina najwyraźniej wygląda bardzo intensywnie. Leni, niepewnie siada z powrotem, powoli: Tak? Więc co się tu dzisiaj dzieje, Ina? Leni powoli znów siada: Tak? Więc co się tu dzisiaj dzieje, Ina?

Leni powoli znów siada: Och? Co więc dzieje się dzisiaj z Twoją ekspresją? W

Rudolf: Mamo, chcieliśmy z tobą porozmawiać już od tygodni, ale ciągle to odkładaliśmy. Ina: Ale teraz jest już za późno; nie możemy dłużej czekać. Leni: To brzmi dramatycznie. Czy zrobiłem coś złego? 4. scena.

Daniel: (wraca z tyłu sklepu podczas ostatniego zdania Iny, trzyma paczkę papierosów i rozgląda się) Och - zjazd rodzinny?

Ina: Co tu robisz? Myślę, że musisz być na treningu piłkarskim.

Daniel: Anulowany (zapowiada zło). Twoje spojrzenie mówi mi, że coś tu jest nie tak... Wygląda na to, że nie przyszedłeś tu na kawę, Rudolf. Daniel: To nie w porządku; nie ma mowy, nie w ten sposób! Leni: Z kim oni teraz rozmawiają?

Rudolf: Jak długo będziemy to ze sobą nosić? Daniel: Tato. Leni: Wow. Więc to jest to; Chcesz mi powiedzieć, że muszę zamknąć sklep i przenieść się do wspólnoty wspieranych emerytów? - No cóż, teraz prawda została ujawniona.

Gdy utwór zaczyna się w ten sposób, konflikt jest nieunikniony w ciągu kilku minut. Dałeś już sporo informacji na temat postaci Leni – wdowy; dobre relacje z wnukiem; chęć przerwania księgowości, aby zaoferować coś dzieciom; Daniel wie o planach ich rodziców, ale wydaje się, że się z tym nie zgadza; zięć i synowa wydają się surowi wobec Leni; obojgu nie podoba się jej obecność – a wszystko to na trzech stronach tekstu!

Moglibyśmy jednak też poczekać, aż pierwsi pojawią się Ina i Rudolf. Być może wolisz, żeby Daniel powiedział babci, co planują jego rodzice, a może nawet byłoby tak, że dziewczyna Leni zobaczyła, jak Ina i Rudolf planowali dla Leni i jako pierwsza pojawiła się na scenie – tu wszystko jest możliwe – bierz co lubisz lub znajdziesz swój własny, unikalny punkt wyjścia; twój kawałek należy do ciebie!

Przejdźmy dalej z moją sugestią – co może zawierać ten utwór dalej? Teraz masz szansę! Jak Leni reaguje i co robi dalej? Daniel mógłby w tym momencie zaoferować

Leni swoją pomoc; jak długo trwa ta rozmowa; kto wychodzi, a kto wchodzi w następną scenę?

Co stanie się z Leni i jej sklepem? To musi być motyw przewodni, który spaja całą komedię – aż do jej zakończenia. Puść wodze fantazji i napisz każdy możliwy scenariusz – oto kilka pomocnych wskazówek:

Unikaj pisania dialogów trwających dłużej niż 10 minut i składających się jedynie z niekończących się dialogów bez wzlotów i upadków, ponieważ szybko staje się to nudne dla widzów. Zawsze powinno się coś dziać; budować napięcie. Wypełnij jeden akt swojej komedii co najmniej 8 scenami; więcej może czasami działać lepiej. Nie próbuj rozśmieszać widzów wulgarnymi wyrażeniami w dialogach — komedia powinna opierać się wyłącznie na dialogach, tekstach i komediach sytuacyjnych, a nie używać śmiesznych słów, aby zachęcić widzów do „klepania po udach".

Kwestionowanie tego, co stanowi prawdziwy humor, może sprawić, że zapytasz: co właściwie zabawnego oglądam, z czego śmieje się publiczność? Pierwsza zasada komedii jest następująca: publiczność wie więcej niż jakikolwiek aktor na scenie o tym, co się dzieje!

Dramaturgicznie poprawna praca musi zaczynać się od zrozumienia napięcia i komedii występujących jednocześnie. Wiesz co mam na myśli?

Wyobraź sobie, że ktoś ukrywa się w pokoju, ale inni obecni go nie zauważają; podczas gdy widz o tym wie. Wszystko to tworzy jednocześnie napięcie i komedię.

„Ci, którzy kopią dół dla innych, sami w niego wpadną". Każdy, kto zna to powiedzenie, zna to dobrze – zastawiając na innych pułapki, aby wciągnąć ich w jedną, można ich samych w to sprowadzić – niezależnie od tego, czy przybiera to formę trującego napoje, zmieniona żywność, pułapki na szczury lub listy lub rozmowy telefoniczne itp.

Na pierwszy rzut oka wydaje się to zabawne zarówno dla widza, jak i bohatera. W każdym razie tego typu scenariusz zwykle sprawdza się w komediach: widzowie śmieją się, gdy wpada w nią zupełnie inna postać lub nawet ten, kto sam zastawia pułapkę, co tworzy wielką komediową ironię. Błędne tożsamości również są dobrze akceptowane – zarówno przedmioty, jak i ludzie mogą łatwo zostać pomieszani!

Masz dom, spotkanie i różne inne potrzeby.

Nieporozumienia w rozmowach również mogą być zabawne: kiedy Postać A wspomina swój statek Antje, Postać B może założyć, że ma na myśli swoją żonę o tym samym imieniu – cudownie zabawne komedie z odwróconym czynnikiem są zawsze mile widziane! Trend - od 2008 roku:

Jak to się dzieje? Mężczyzna z nieznanych powodów zachowuje się jak kobieta lub odwrotnie. Jakie czynniki mogą wyjaśnić takie zachowania?

Na przykład: Sposób zachowywania się jak prostytutki? Mężczyźni uprawiający striptiz. A kobiety mogą nawet zostać murarzami!

Albo kobieta na stanowisku kanclerza (niestety już istnieje). To tylko niektóre sugestie, z których wiele umieściłem już w swoich pracach; jest ich jeszcze więcej! Robienie tych rzeczy mądrze i prawidłowo doprowadzi jedynie do wywołujących śmiech rezultatów w komediach.

Stwórz coś, czego nie ma w prawdziwym życiu.

Na scenie może to sprawić bardzo zabawne oglądanie:

Przedstawiciel oferuje produkty, które kiedyś były niedostępne – preparaty do trwałej ondulacji utrzymujące się miesiącami; produkty na porost włosów o ekstremalnie szybkim działaniu; Wkładki higieniczne męskie; czekoladki szybko zwiększające inteligencję itp., których wcześniej nie można było kupić, niestety mają one wiele skutków ubocznych i szybko mogą stać się katastrofalne! Mój performance zatytułowany „Nie mamy tego – nie istnieje" skupiał się właśnie na tym temacie.

Lub weź innowację medyczną. Chemik-amator tworzy serum, które całkowicie eliminuje zapach potu, dzięki czemu ten wspaniały wynalazek ponownie staje się przestarzały i niepotrzebnie wydziela zapach potu - ale potrzebuje ochotników, aby to przetestować, a jego wysoce skoncentrowane hormony zmienią ludzi. („Szalony profesor"). Wszystkie tego typu tematy mogą wydawać się śmieszne, ale mają ogromny wpływ na całe społeczeństwo.

Zabawne postacie w komediach są zawsze bardzo skuteczne. Mówiąc „zabawna postać" mam na myśli to.

Postacie te często wyróżniają się na tle innych postaci na różne sposoby, czy to wadami, czy czymś innym. Przykłady mogą obejmować błędy językowe (nieznajomość języka niemieckiego lub dialektu); osoby niezdarne lub mniej wykształcone; aktorzy kolorowi; ci, którzy są inaczej ubrani i inne rzeczy. Takie postacie dodają charakteru i często szybko stają się ulubieńcami publiczności. Co więcej, takie „zabawne postacie" nie muszą odgrywać głównej roli, aby dodać humoru; nawet drobne wątki poboczne mogą okazać się równie zabawne!

*Osobiście nie jestem zwolennikiem włączania do spektaklu postaci z wadą wymowy. Wszystkie Twoje postacie powinny być wyjątkowe; w przeciwnym razie skąd wziąłby się dramat i konflikt?

Język i ekspresja to niezwykle delikatna kwestia. Obejrzyj dowolny film z lat 70. z Theo Lingenem lub Royem Blackiem; czy to nie było zabawne? Ale poważnie – czy fabuła i dialogi są dla ciebie tak samo podekscytowane ich fabułą i dialogami, jak wtedy, gdy ukazały się po raz pierwszy (jeśli masz mniej niż 30 lat, i tak ich nie poznasz; wypożycz je w swoim sklepie wideo i oceń). Rzadko kiedy te filmy wydają mi się śmieszne, ponieważ to, co jest pokazywane, często nie jest zbyt „zabawne". Czas z pewnością wszystko zmienił.

W dzisiejszych czasach, oglądając w telewizji wieczorny program filmowy, zwykle widzimy więcej odsłoniętej skóry w porównaniu z filmami z lat 70. XX wieku. Nie tylko to; współczesne filmy z pewnością muszą odzwierciedlać tę zmianę, ponieważ większość z nich dzieje się werbalnie – pomyśl „Seks w wielkim mieście", który zawiera co najmniej 50 słów o charakterze seksualnym, które nie są częścią mojego codziennego słownictwa ani twojego!

Co odróżnia rozrywkę od seriali telewizyjnych lub filmów, np. spektakle telewizyjne od przedstawień teatralnych pod względem użycia języka i swobody wizualnej?

Tutaj również nikt nie może udzielić Ci dokładnej odpowiedzi; teatr na scenie zawsze żyje! Twoje następne pytanie może dotyczyć tego, co można, a czego nie można pokazać lub powiedzieć na scenie; Mam tu na myśli konkretnie to, co zostało napisane w formie scenariusza, a następnie aktorzy muszą go odtworzyć na scenie.

Cóż, teatr to rozległa dziedzina. W niektórych sztukach aktorzy pojawiają się z całkowicie nagimi piersiami i wyrażają wszystko, co mogą. Specjalizuję się przede wszystkim w popularnych produkcjach teatralnych prowadzonych przez grupy amatorskie.

Żaden znany mi aktor-amator nie wystąpiłby w amatorskim przedstawieniu ludowym ubrany jedynie w czarną bieliznę; i jako widzowi nie byłoby to coś, co by mi się podobało. Poza tym wydaje się to po prostu dziwne.

Miłość i seks to odwieczne tematy w popularnym teatrze, dlatego lubię mieć w głowie obrazy tego, co może dziać się obok. Na przykład pusta scena, obok otwartych drzwi, z męskimi głosami obu płci; jakiś czas później, gdy ktoś wejdzie na scenę w majtkach lekko spoconych, ale zadowolonych, każdy może stworzyć własną wersję tego, co się tam wydarzyło, zamiast oglądać coś prawdziwego, co dzieje się i pokazywane na żywo na scenie. Uważam, że to jest o wiele bardziej wciągające.

Kiedy omawiałem tę kwestię podczas debaty, moje zdanie na ten temat było podobne. Chociaż dzisiejsi aktorzy-amatorzy mogą używać słów takich jak „cios", „tyłek" i „kurwa", nie ma nic złego w pisaniu sztuki w ten sposób, jeśli wydaje się to konieczne; jednak większość aktorów podczas występów przed publicznością używałaby innej terminologii.

W ogóle nie używam tych słów w swoich utworach! Temat ten wywołał już gorące dyskusje, w których ludzie kwestionowali moją zbyt formalną wymowę w dialogach moich sztuk. Ale oto moje wyjaśnienie:

„Wpadanie itp." nie jest częścią mojego codziennego języka. Jako widz w teatrze oglądający przedstawienie komediowe chcę być całkowicie zaangażowany w to, co się dzieje; życie razem z aktorami; Tworzę także w myślach obrazy wydarzeń dziejących się poza sceną, opowiedzianych mi przez nich – kiedy ktoś chce iść na zakupy lub wziąć prysznic; na przykład; to dzieje się natychmiast w mojej głowie!

Na początku może to zabrzmieć zaskakująco, ale dialogi mówione wywierają na mnie taki sam wpływ; Kiedy aktor mówi mi, że zabił kota lub ktoś zgłosił, że okradł bank, wyobrażam sobie te obrazy. Czytanie powieści wywołuje podobne efekty, gdy twój umysł wizualizuje postacie, miejsca, przedmioty i wydarzenia z powieści w twojej wyobraźni.

Gdyby któraś z aktorek na scenie powiedziała: „Och, najchętniej zrobiłabym to bez skrępowania z moją szefową przy kuchennym stole", od razu miałabym przed oczami pewien obraz i roześmiałabym się głośno na jej słowa. Co jednak by się stało, gdyby zamiast tego powiedzieli: „Och, chcę przelecieć mojego szefa"?

Jako widz byłbym zszokowany. Momenty szoku mogą mieć ogromny wpływ na wiele elementów; jednak nigdy nie pojawią się one w moich pracach, gdyż widzowie wolą zabawę i tworzenie własnych obrazów w głowie, niż szokowanie przez kogoś na scenie poprzez dialog.

Taki jest mój punkt widzenia na ten temat; jeśli jednak Twoje są inne, nie istnieją żadne prawa, które mogłyby Cię powstrzymać.

Pytanie o limit odtwarzania? Napisałem komedie z udziałem kobiet, które są głęboko pociągane przez mężczyzn, i które zawierają bardzo pikantne treści; ich aktorzy mogą zdejmować ubranie w ramach swojej roli; nawet ja mogę się rozebrać do bielizny, jeśli zajdzie taka potrzeba! Ale może zamiast tego poniższe sceny mogłyby rozgrywać się w innym pokoju w pobliżu?

Jeśli pójdziesz dalej i użyjesz wyjątkowo wulgarnego języka, widzowie poczują się, jakby byli świadkami prawdziwego przedstawienia oszczerstw.

Twoja komedia powinna spełniać określony standard i poziom. Znajdź odpowiedni poziom erotyki i pozwól jej rozwijać się naturalnie – nie bombarduj odbiorców słownymi obelgami; ta taktyka jest niepotrzebna i niepotrzebna.

Na zakończenie każdego aktu spraw, aby był on tak ekscytujący, aby widzowie nie mogli się doczekać dalszego rozwoju Twojej komedii. Po zakończeniu każdego aktu upewnij się, że fabuła osiągnie nowy punkt kulminacyjny.

Pisząc, zawsze bierz pod uwagę czytelnika, gdy zastanawiasz się nad informacjami potrzebnymi postaciom na scenie. I nie przeocz instrukcji gry w dialogu - które powinny pojawić się w nawiasach; te instrukcje będą bezcenne dla aktorów!

Gerda:

Prawidłowy! Gdzie był Manni? Powinien już skończyć dojenie - jest już prawie 20:00 (podchodzi do tylnego wyjścia i woła go po imieniu:) Manni!!! (wraca, smaruje talerz chlebem i masłem, posypuje serem itp.)

Arno: (czyta z zainteresowaniem magazyn) A to oznacza, że nie będziemy już musieli sami sprzątać?

Heinrich: O nie! Wygląda na to, że wszystko zniknęło w kanale.

Arno: Spójrz tylko, ile przestrzeni zajmują krowy.

Heinrich: Tak! Będą się tam czuć komfortowo i dzięki temu będą dawać lepsze mleko.
Gerda: Dlaczego większa przestrzeń miałaby prowadzić do produkcji mleka wyższej jakości?

Heinrich: Gerda, jak często skarżyłaś się na dyskomfort podczas noszenia starego pasa?

Gerda: Witaj piękna!!!

Arno: (śmiech) Dla ułatwienia zrozumienia, napisałem tutaj moją instrukcję gry kursywą, aby ułatwić aktorowi naukę na scenie od Ciebie – autora. Muszą nauczyć się nie tylko tego, jakie będą ich kwestie, ale także wymagań dotyczących gestów, takich jak kiedy wyjść, kiedy wejść itp. Nie pomijaj całkowicie instrukcji gry, ale uważaj, aby nie przesadzić z wykonaniem!

Wracając do mojego pierwotnego pomysłu: komedii z Leni, jej sklepem i dziećmi, które chcą je deportować do domu opieki. Jeśli ten pomysł Ci się podoba i chciałbyś, żebyś o tym napisał, puść wodze fantazji i zobacz, co może się wydarzyć!
Proszę o przesłanie mi pierwszych prób pisania; Sprawdzę i szczerze odpowiem. Na mojej stronie internetowej www.Theater-Schmidt.de moje dane kontaktowe znajdziesz w części Nota prawna.

Po obejrzeniu licznych klasycznych sztuk teatralnych (szczególnie tych pisarek) widzowie już z pierwszego konfliktu młodej kobiety z mężczyzną wiedzą, że „w końcu się dorwą!" Dlaczego autorzy to robią? Ponieważ widzowie lubią widzieć zakończenie „długo i szczęśliwie", czy może autor chce je stworzyć? Sama to robiłam w wielu utworach, bo z poprzednich kawałków wiem, co będzie dalej – chociaż nie we wszystkich moich ostatnich kawałkach!

Moje pisanie nieco się od tego dystansuje; nie wszystko musi się dobrze skończyć – co może być nawet nierealne – więc nie myśl początkowo, że dwójka młodych bohaterów, którzy początkowo się nie lubią, a jednak spotykają się pod koniec przedstawienia, może skończyć razem, wpadając sobie w ramiona w momencie wniosek. Chociaż może się to zdarzyć, po prostu napisz swoją historię; „pokój, radość i naleśniki" nie zawsze istnieją w prawdziwym życiu!

Aby nie zrozumieć źle; w idealnym przypadku widzowie chcieliby wyjść z domu bez rozwiązania większości niespójności w spektaklu lub przynajmniej mieć pojęcie, co może się wydarzyć po jego zakończeniu, a wszelkie konflikty powinny zostać wyjaśnione; nawet jeśli oznacza to osiągnięcie porozumienia ze wszystkimi zaangażowanymi stronami; ale znajdź zadowalające rozwiązanie, które zadowoli publiczność. Pamiętacie moją komedię „Praxis Dr Freeseman"?

Harald Freesemann przez lata pisał książki, które ze względu na brak zainteresowania wydawcy pozostały niepublikowane. Dlatego jego żona Lena musi wiązać koniec z końcem jako sprzątaczka, dopóki pewnego dnia na piętrze nad nimi nie wprowadzi się nowy lokator, który również będzie potrzebował jej usług jako sprzątaczki. Gisela donosi, że Gisela znalazła osobę, którą nazywa „hydraulikiem mózgu". Przypadkowo jego nazwisko to Freesemann – coś, co Lena i Harald uważają za niepokojące, ponieważ teraz spodziewają się zakłóceń ze strony jego pacjentów. Doktor Horst Freesemann normalnie nalegałby, aby przeszli przez pierwsze piętro, gdyby chcieli się u niego leczyć, ale Harald wszedł już jednymi z drzwi i znajduje się obecnie w pokoju Haralda. Harald dostrzega swoją szansę i zaczyna leczyć mężczyznę, który desperacko pragnie leczenia i chętnie wykłada na jego rzecz kilkaset euro. Ale nagle pojawia się prawdziwy psychiatra, który chce, aby Harald leczył ich oboje, ponieważ obaj cierpią na psychozę endogenną…

Utwór może zakończyć się chaosem, ale widz nie wyjdzie z niego z uczuciem niezadowolenia: problemy finansowe głównego bohatera rozwiązały się poprzez napisanie rękopisu na temat tego, co wydarzyło się u jego boku na scenie.
Do napisania tej sztuki Harald zainspirowała się swoją żoną i właśnie zlecił jej publikację. Sąsiad dowiedział się, że Harald leczy pacjentów, mimo że nie jest licencjonowanym lekarzem; podróż uciszyła ich oburzenie. Niestety, żadna z psychicznie chorych postaci w tej sztuce nie została nigdy wyleczona – wręcz przeciwnie; wszyscy „normalni" też w końcu wariują!

Dramaturgicznie rzecz biorąc, wszystko układa się dobrze: główny konflikt został zażegnany, ale mogą pojawić się nowe; dlatego też utwór może zakończyć się optymistycznym akcentem, pozostawiając zarówno widza, jak i bohaterów usatysfakcjonowanych, ale zaniepokojonych tym, co będzie dalej.
Wszyscy znamy to doświadczenie z filmów i telewizji. Jak często oglądaliśmy ekscytujący film tylko po to, by nagle się skończył…?
Producenci i scenarzyści często wykorzystują to podejście podczas opowiadania historii; zarysowują jej historię, próbują poruszyć jej główny problem, a jedynie pośrednio ją kończą. Chociaż podobne strategie nie mają zastosowania w scenerii przedstawień teatralnych, producenci i scenarzyści stosują podobne strategie podczas opowiadania swoich historii.
Ale jeśli wolisz, aby Twoja gra zakończyła się happy endem, jest to całkowicie akceptowalne - chciałem tylko uświadomić Ci, że nie ma sztywnych zasad!

Wydawcy i grupy wymagają przedstawienia treści artykułu na pierwszych stronach rękopisu, niezależnie od tego, czy dzieje się to przed rozpoczęciem pisania, w jego połowie lub po jego zakończeniu. Wydawcy zazwyczaj nie zmieniają tego elementu prezentacji spektaklu – zespoły teatralne często wykorzystują ten opis swojego spektaklu w reklamach w ulotkach, książeczkach programowych i prasie. Prosimy, aby treść była wciągająca, ale nie dłuższa niż jedna strona DIN A5! Chcesz jakieś przykłady jak to może wyglądać? - oto pomoc:

Alida Neumann nie widzi już sensu w małżeństwie z Ingo i chce je zakończyć zażywając tabletki nasenne. Z powodu niewłaściwych udziałów Ingo i zakupu zbyt dużego domu ich kłopoty finansowe wymknęły się spod kontroli i obecnie są winni łącznie ponad 300 000 euro. Alida podejrzewa Ingo o romans, ponieważ ostatnio otrzymuje wiele listów i telefonów od kobiet. Aby zabezpieczyć się finansowo przed potencjalnymi procesami sądowymi wynikającymi z tych relacji, Ingo zażądał od Alidy uzyskania od jej ubezpieczycieli czterech polis na życie o wartości 150 000 euro każda. Alida uważa, że powinna zostać zamordowana przez Ingo, dlatego ucieka się do samobójstwa, gdy jej plan się nie udaje; Ingo jednak wymyśla coś zupełnie innego – ogłasza w różnych gazetach fotomodelki, które mogłyby odwiedzić jego mieszkanie i zaprasza je osobiście. Alida i Ingo mają nadzieję wyjechać za granicę po stworzeniu możliwie najbliższego wizerunku Alidy – przynajmniej pod względem wzrostu i wagi. Ingo planuje odurzyć Alidę, zanim zjedzie z nią samochodem żony w dół stromego wzgórza, aby ubiegać się o odszkodowanie z polisy na życie na wypadek wypadku; później planują wspólnie zebrać pieniądze z ubezpieczenia poprzez fałszywe wypadki. - Ingo znalazł w Gabi Koch swoją idealną ofiarę. Jednak Ingo szybko zakochuje się w Gabi i zmienia plan, chcąc zamiast tego wsadzić Alidę do swojego samochodu. Krótko przed planowanym morderstwem Gabi odkrywa za pośrednictwem Alidy, że Ingo planował jej zamordowanie i jest zszokowana tą wiadomością. Wkrótce potem Alida i Gabi cieszą się sobą tak bardzo, jak odkrywają wzajemną miłość, po czym opracowują plan wyeliminowania Ingo zatrutą colą, która przypadkowo zostaje upijana przez Svena (przyjaciela Ingo), zamiast zabić samą Ingo… Z Else Krautwurst na scenie ... Ciało musi szybko znaleźć miejsce do pochowania.

Czytając fragment, nie ujawniaj jego zakończenia, dopóki ostatnie zdanie nie zostanie przeczytane na głos; wzbudzi to zainteresowanie wśród reżyserów gier, zwiększając prawdopodobieństwo wydrukowania utworu tak, aby czytelnicy nie widzieli jego końca przed samodzielnym wydrukowaniem. Rozważ także tę sugestię:

Anna Thalmann jest matką 18-letniej córki i mieszka z jednym mężem, który w tygodniu pracuje poza domem i „dobrze zarabia", oraz dwoma „najlepszymi przyjaciółmi", z którymi spędza jeden lub dwa dni w tygodniu.

Dzieliła się godzinami plotkami, a także zwierzała się z najbardziej intymnych spraw ptakowi, któremu powierzono nadzór nad ich obojgiem. Jej wynajęte mieszkanie jest duże i dobrze umeblowane, a ona sama nigdy nie doświadczyła poważnej choroby; wszystko wskazuje na to, że jest kobietą wyjątkową. Codzienne zmagania sprawiły, że poczuła się bezużyteczna i opuszczona przez rodzinę w roli troskliwej matki i żony. Erwin ma niezdrowy stosunek do swojej żony; w weekendy w domu woli oglądać mecze piłki nożnej lub chodzić na mecze skata, niż spędzać z nią czas. Anna zaczęła uwewnętrzniać swoją frustrację, oddając się nadmiernemu jedzeniu, co doprowadziło do 20 kilogramów nadwagi. Ale teraz Anna chce coś zmienić! Zamawia sprzęt fitness w sklepie telewizyjnym, uczęszcza na zajęcia grupowe z gimnastyki i otrzymuje porady dotyczące makijażu od Sonji – a wszystko to mając nadzieję, że łatwo i szybko rozpali płomień w jej małżeństwie. Jednak ich plan pozostaje złożony i skomplikowany. Pewnego dnia, gdy pralka Anny się zepsuła, Mustafa Yldiz przybywa, aby ją naprawić – i Anna natychmiast go oczarowuje. Zaprasza ją na niezapomniany „turecki" wieczór! Czy Anna ulegnie jego urokowi, czy może sama przejmie kontrolę nad swoim życiem?

Tutaj również odkrywamy treść i konflikt, nie będąc wtajemniczonymi w jego rozwiązanie. Podobnie, Twoje elementy powinny pójść w ich ślady.

Ponieważ każda gra wymaga tytułu, nadanie mu nazwy może czasami stanowić wyzwanie. Idealny tytuł powinien zdradzać coś na temat programu, a jednocześnie przykuwać uwagę widzów czytających plakaty i książeczki programowe. Tytuły mogą składać się z jednego słowa, być pytaniem lub zawierać całe zdania; Generalnie odradzam jednak długie tytuły i wolę bardziej niejasne wersje, takie jak poniższe jako przykłady:

Rita i Ulfert Brauerowie, niezwykle zamożni ludzie, niedawno przeprowadzili się z miasta na wieś wraz ze swoim synem Heinerem. Twoi sąsiedzi.

Małżeństwo Diekmannów, Heiko (pracownik) i Gesine (gospodyni domowa), wiedzie „proste" życie, mimo że żyje w złych warunkach; choć muszą tu i ówdzie dokonywać poświęceń, aby przetrwać; a jednocześnie pozostańcie zdrowi i zadowoleni z życia. Rita (kosmetyczka) i Ulfert (redaktor naczelny) codziennie dają sąsiadom dowód swojej wyższości. Kiedy Marion Diekmann wraca do domu z Alabamy, dochodzi do kłótni między rodzinami. Jako au pair w Niemczech przez rok zaszokowała wszystkich, kiedy wróciła – początkowo ku rozczarowaniu wszystkich – przedstawiając Jonny'ego, afrykańskiego studenta medycyny! To okazało się zbyt wiele dla pary Brauerów. Obie rodziny starają się teraz utrudniać sobie życie poprzez paskudne intrygi i ataki, które kończą się ugodą sądową; ostatecznie zainstalowano wysoki płot między ich posesjami, aby je jeszcze bardziej oddzielić. Kiedy Gesine ponownie atakuje Ulferta, Ulfert doznaje ataku serca, ale Jonny sam może uratować mu życie...

Jeśli chodzi o treść, fabuła tej historii jest całkiem jasna. W jego sercu leżą dwie bardzo różne rodziny i widzimy ich różnice zarówno pod względem charakteru, jak i finansów. To jest dokładnie to, co starałem się przedstawić w moim tytule – więc tutaj znajdziesz to wszystko.
Mój tytuł uwydatnia widzom dwa bardzo wyraźne kontrasty; co można z grubsza przetłumaczyć jako: „chleb mettwurstowy i kawior". Żaden aktor nie zje bezpośrednio żadnego przedmiotu; to rozróżnienie między nimi istnieje tylko poprzez ich tytuły.
Menno i Mathilde Grubenowie wracają z 4-tygodniowych wakacji w Egipcie z dwójką dzieci, Henningiem i Anette, z niecierpliwością czekającymi na uroczystości wielkanocne; zamiast tego okazuje się, że po powrocie do ich skrzynki pocztowej przyszedł stos upomnienia od przedsiębiorstw użyteczności publicznej i telefon do banku potwierdza przekroczenie rachunku o 30 000 euro; przyczyną tego błędu mogła być nieprawidłowa rezerwacja, dlatego pracownicy banku chętnie naprawią ten błąd zaraz po powrocie z urlopu.

W tej sztuce rodzina staje przed wyzwaniem samodzielnego życia przez tydzień, nawet nie mając takiego zamiaru. Jaki zatem mógłby być tytuł tego utworu?
„Robinson Crusoe przesyła pozdrowienia" . Pasuje, prawda?!
I ostatni przykład:
Treść: Nico i Silvia Schroder świętują pierwszą rocznicę ślubu. Nico jest zachwycony, że żona go nie zostawiła, mimo że od roku jest bezrobotny, a Silvia musi zarabiać na utrzymanie obojga. Nico czyta w swojej codziennej gazecie atrakcyjną ofertę pracy firmy kawowej, szybko aplikuje przez telefon i szybko zostaje przyjęty do pracy. Jednak zamiast obiecanych próbek kawy, kilka dni później do jego domu niespodziewanie przybywają magazyny erotyczne, przez co Nico nie wie, jak wyjaśnić tę rozbieżność. Silvia jest wściekła na Nico; uważa, że potrzebuje zastępstwa ze względu na jej ciążę. Sytuacja tylko się pogarsza, gdy do domu wprowadza się także jego teściowa, która ma z nim poważne problemy. Nico uważa, że wszystko zostało rozwiązane, dopóki nie pojawi się URE; potem wszystko znów staje się niejasne.

Tytuł ten łączy w sobie pierwsze litery dwóch firm zaangażowanych w to dzieło – ekskluzywnej romantycznej oazy i kawy Timann – w jedno słowo, tworząc „ERO-TI-KA". Ponieważ seks jest sercem tej komedii, tytuł ten ma sens.

Ingo Sax napisał niezwykle mądrą sztukę o młodej kobiecie cierpiącej na mutyzm – niezdolność do komunikacji i nawiązania kontaktu. Zwana „Amanita", jej główna aktorka Celia zasłynęła dzięki roli w czteroosobowej produkcji Ingo Saxa – spójrzcie więc, a wkrótce zrozumiecie, dlaczego autorka wybrała takie imię! Dziękujemy Ingo Saxowi za jego niesamowity wyczyn!

Nie zastanawiaj się zbytnio nad wyborem tytułu; „Zajazd pod Złotą Kotwicą", „Jubilaum", „Gwiazda Padwy" i „Bracia przemytnicy" oraz wiele innych popularnych i często nagradzanych sztuk mają tytuły, które po prostu nawiązują do miejsca, w którym miało miejsce dane wydarzenie lub opisują co sprawiło, że tak się stało – to jest całkowicie do przyjęcia!
Ale niektóre dzieła sceniczne mają też nudne tytuły. Znam jeden utwór, zatytułowany po prostu „Teatr", który pozostawia niewiele miejsca na wyobraźnię i kreatywność, jeśli chodzi o dramaturgię i treść.
Po ukończeniu pracy lub w trakcie jej pisania określenie jej nazwy może przyjść naturalnie; chciałbym jednak zakończyć dyskusję na temat wyboru tytułu, przedstawiając niektóre opcje dostępne dla nas, gdy rozważamy wybór tytułu do Twojej gry.
Wyobraź sobie taką sytuację: czasami, gdy rozmawiam z przyjaciółmi, pojawiają się przypadkowe słowa lub zdania, które mogłyby stanowić świetne tytuły wierszy lub powieści.

Rozważ to. Kiedy czytamy lub słuchamy tego typu tytułów, pojawia się coś zupełnie nowego. Nie zaczynamy już od sformułowania pomysłu i fabuły przed późniejszym przypisaniem tytułu (w sposób, w jaki postępuje większość sztuk); raczej zaczniemy teraz od samego tytułu – a następnie na tej podstawie stworzymy naszą historię wokół tego pomysłu! Kiedy widzę te tytuły, od razu przychodzi mi na myśl 100 rzeczy, które mogłyby omówić – prawda?
Możesz wypróbować także ten wariant, tylko proszę, unikaj używania tytułów, które tutaj napisałem, ponieważ planuję włączyć je do mojej twórczości w nadchodzących miesiącach.

Pisząc, należy wziąć pod uwagę wszystkie możliwe wyniki swoich wysiłków pisarskich. Powieściopisarz pisze swoją książkę dla czytelników, którzy mogą ją kupić w księgarniach – w grę wchodzą także wydawcy i drukarze; w przypadku sztuk teatralnych i sztuk przeznaczonych do wystawienia grupy teatralne prawdopodobnie je wystawiały, a ich rękopisu nigdy nie można by nigdzie kupić ani łatwo przeczytać - wszystkie te czynniki należy wziąć pod uwagę, pisząc sztukę lub powieść.

Gdy Twoja sztuka będzie już ukończona i poczujesz się dumny, że możesz zaprezentować ją do publikacji, prześlij ją do jednego lub większej liczby wydawców w celu rozpatrzenia. Sugeruję zacząć od wybrania jednego, który wydaje się odpowiedni; mimo że recenzowanie może zająć trochę czasu, zazwyczaj będzie zawierało sugestie dotyczące poprawienia niektórych fragmentów artykułu lub krytykę niektórych scen przez redaktorów; ostatecznie wydawcy odsyłają rękopisy, gdy tylko staną się dostępne. Twoja prośba nie została przez nas rozpatrzona – dziękuję bardzo". Niestety tego typu listy odmowne nie zawierają szczegółowych informacji, dlaczego nie biorą już pod uwagę czegoś takiego. Nie trać od razu nadziei, jeśli tak się stanie; Serce! Odrzucenie przez wydawców teatralnych nie oznacza, że twoja twórczość jest okropna. Nie spiesz się, przeczytaj ją ponownie uważnie, wcielając się w rolę widza oglądającego na scenie; doświadcz tego, czego doświadczasz z pierwszej ręki jako widz, czytając ją i doświadczając jego pełny wpływ, zanim zostanie gruntownie zweryfikowany przed ponownym zaoferowaniem go innym wydawcom teatralnym, ale chcę też powiedzieć całkowicie otwarcie: jeśli Twoja praca zostanie odrzucona bez żadnych wyjaśnień i komentarzy ze strony redaktora, musi to oznaczać, że była naprawdę zła – bo każdy redaktor. bardzo stara się wyjaśnić, co im się nie podoba, gdy ogólnie wydaje się to dobre. Krytyka ze strony wydawców znacznie ułatwia sprawdzanie i redagowanie, więc jeśli twierdzą, że nie ma takiej potrzeby, po prostu zaakceptuj ich odpowiedź i kontynuuj to, co napisałeś. Jeśli ktoś twierdzi, że nie ma potrzeby poprawiania, nie pytaj dlaczego; wydawca wie lepiej. Jeśli dzieje się tak w przypadku wielu wydawców, musisz w końcu pogodzić się z faktem, że to, co napisałeś, może nie być szczególnie wysokiej jakości; być może pisanie po prostu nie jest twoją mocną stroną lub po prostu nie pasuje ci jako forma sztuki. Na pewnym etapie swojej pisarskiej podróży ważne jest, aby być ze sobą szczerym i uznać ten fakt. Chociaż moglibyśmy spekulować na temat innych, niezbadanych talentów, które leżą poza samym pisaniem, nie chodzi tu o to – raczej o to, że wierzysz, że możesz i chcesz spróbować!

Nieważne, czy jest to komedia, dramat, farsa, powieść kryminalna, wieloaktowa sztuka czy po prostu krótki szkic – pisanie w standardowym języku niemieckim lub w dialekcie dialektu zależy wyłącznie od Ciebie – faktem pozostaje: Twój utwór musi najpierw przekonać redaktora wybranemu wydawcy, że Twoja praca jest spójna, pozbawiona błędów i ma „ekscytującą" fabułę; nie traci nici, jest grywalny i odpowiedni dla nich, a także zapewnia etapy w razie potrzeby.

Twoja sztuka musi być skierowana do tych, którzy ją wykonają; w przeciwnym razie żaden wydawca by tego nie podpisał i przez lata leżałby zbierając kurz bez zainteresowania ze strony sceny – a to ostatnia rzecz, której chcesz!

Załóżmy, że otrzymujesz pocztę od wydawcy i okazuje się, że jego redaktor przejrzał Twój artykuł i przekazał opinię na temat niezbędnych zmian. Ale być może wspomnieli także, co należy zmienić, aby pasowało do ich programu dokładnie w postaci przesłanej przez Ciebie.

Jak byś odpowiedział? - Mogę to sobie wyobrazić: czytanie tekstów i krytyka ze strony redaktora, którego nie znasz dobrze, często może być bardzo bezpośrednia i wywołać szok, urazę i złość. „Artykuł jest świetny – co on sobie myślał?"... Wszystkie te zdania mogą sprawić ci trudność, ponieważ znalezienie wydawcy pierwszej powieści jest często wyzwaniem.

Przestań tak myśleć i się obrażać. Redaktor nie jest Bogiem, wyraża jedynie swoją opinię, jednak należy szanować jego wiedzę na temat swojej pracy i akceptować wszelką krytykę skierowaną pod adresem Twojego artykułu. Zachowuj się rozsądnie, przyjmując krytykę, szczególnie w odniesieniu do konkretnych punktów, które były krytykowane. Zrób to, co radzi redaktor, mimo sprzeciwu – z czasem docenisz jego mądrość!

Mój 47. utwór „Welcome to Chez Andre", napisany wspólnie z Christophem Bredau i przesłany do rozpatrzenia dwóm wydawcom, został odrzucony ze względu na zbyt ryzykowny charakter. Kiedy przeczytaliśmy ich list, byliśmy oszołomieni – treść tego artykułu można zobaczyć tutaj:

Andre Lambrecht i Frank Wattenfall stracili wszystko na giełdzie i obecnie są bezrobotni, wynajmując razem dwupokojowe mieszkanie, aby utrzymać koszty na niskim poziomie. Niestety, nie ukazały się jeszcze żadne możliwości zatrudnienia, więc uiścili już czynsz.

Ich gospodyni Elfriede Krause stawia ultimatum w ciągu tygodnia na znalezienie pracy lub opłacenie czynszu; w przeciwnym razie chce je usunąć. Andre ma inspirujący pomysł. Razem zaczynają oferować usługi towarzyskie i towarzystwo dla kobiet w „Welcome to Chez Andre"; szybko akceptowane przez panie szukające u nich towarzystwa, posiłków czy masaży; ale sprawy szybko przerastają oczekiwania, gdy ich gospodyni Elfriede Krause i Tina robią wszystko, co w ich mocy, aby powstrzymać tę działalność - mimo to miłość między nimi trwa...

Tutaj najstarszy zawód został przedstawiony w dość humorystyczny sposób, z odwróconymi tradycyjnymi rolami, pokazując, jak daleko posuną się dzisiaj ludzie, aby zarobić pieniądze, a jednocześnie pokazuje, że kobiety są bardzo skłonne zapłacić pieniądze, aby spędzić trochę czasu z mężczyznami. Mamy wrażenie, że mężczyznom to wchodzi w skórę, czego dowodem jest zakochanie się w kliencie, ponieważ nie może już znieść otrzymywania od niej zapłaty, zachowanie na scenie bardzo ludzkie, przy jednoczesnym zapewnieniu wspaniałej rozrywki dramatyczno-turgicznej. Co więcej, wiele scen było dość intensywnych! Musieliśmy jednak „rozbroić" wszelkie sceny, które dla wydawców były zbyt daleko idące; a jeden wydawca umieścił tę poprawioną wersję w swoim programie. Chociaż byliśmy rozczarowani, że nasz oryginalny artykuł nie został zaakceptowany – czasami redaktorzy czytają wyłącznie według własnego nastroju! Biorąc to pod uwagę, należy się tym zająć.

Załóżmy, że otrzymałeś taki list od wydawcy.
Wracasz więc do pracy – nie zirytowany listem redaktora, ale pełen energii i optymizmu, by stworzyć coś znacznie większego – być może w trakcie wprowadzania zmian odkryjesz, że uległa ona radykalnej poprawie; a może zaczniesz wyraźniej rozpoznawać, gdzie wcześniej popełniono błędy.
Zarezerwuj dwie godziny na powtórkę; wydawca przeczytał Twój manuskrypt i mógł wskazać błędy; dlatego też należy go przesłać drugi raz, gdy wszystkie uwagi krytyczne zostaną wyjaśnione.

A teraz zróbmy wszystko jeszcze lepiej: wyobraź sobie, że otrzymujesz wiadomość, że Twoja sztuka zostanie opublikowana po raz pierwszy w historii – jakie to musi być niesamowite uczucie. Przynajmniej pokonałeś ogromną przeszkodę i dotarłeś tak daleko. Czy można to uznać za sukces? Absolutnie - więc daj sobie pozwolenie na poczucie dumy z tego, co już tutaj udało się osiągnąć.
Kiedy Twoja sztuka zostanie opublikowana, nie pozostaje Ci nic innego jak podpisać umowę z wydawcą (szerzej o umowach napiszę w rozdziale 12) i mieć nadzieję, że zaoferuje Twoją twórczość w katalogach wysyłanych co roku bezpośrednio do grup teatralnych lub za pośrednictwem platformy wydawnicze online, takie jak witryny wydawców.
Teraz przed nami kolejne wyzwanie – dotarcie ze swoim dziełem do grup teatralnych.
Grupy zabaw często zamawiają programy do oglądania u wydawców; czy nie byłoby wspaniale, gdyby reżyserzy gier uznali Twoją twórczość na tyle interesującą, że wiele

kin zamówiło programy u Twojego wydawcy? Niestety rozumiem Twoją frustrację; niestety nie będziesz wiedział, na jakich scenach oglądało się Twoje dzieło; generalnie (w zależności od wydawcy) dopiero po wybraniu Twojej pracy dowiesz się szczegółów, takich jak lokalizacja grupy wykonawczej i daty występów.

Kiedy Twój utwór jest wykonywany po raz pierwszy, nazywamy to wykonaniem inauguracyjnym lub premierą; i często Ty, jako autor, jesteś zapraszany na tę historyczną doniosłą okazję. I nie powinieneś odrzucać takiej oferty! Obserwowanie, jak Twoje postacie, historia i koncepcja ożywają na Twoich oczach, jest naprawdę ekscytujące; uwierz mi; Wiem z doświadczenia. Być może grupa nie wykona Twojego utworu tak, jak oczekiwano, ale niezależnie od wyniku, może to tylko dodać więcej dramatyzmu wszystkim zaangażowanym stronom!

Czy Ty też jesteś podekscytowany? Jeśli jednak grupa zgłosi, że próby były przyjemne i inscenizacja przedstawienia sprawiała im przyjemność; krytyka prasowa będzie pozytywna, a liczba widzów będzie zgodna, wówczas Twoja sztuka będzie mogła zostać zrealizowana zgodnie z planem i potraktowana jako Twój osobisty sukces.

Przejrzyj dowolną półkę z powieściami, a szybko zorientujesz się, że dostępnych jest wielu wydawców; niestety dramatopisarze nie mają tak dużego wyboru. Są jednak wydawcy teatralni, którzy publikują nasze sztuki na bardzo rozsądnych warunkach, a niektórzy robią to nawet wyjątkowo dobrze. Myślę, że kluczem jest budowanie relacji z redaktorami w tych wydawnictwach. Na początku zaleca się przejrzenie dostępnych wydawców w Internecie i określenie, który z nich najlepiej pasuje do Twojego utworu. Ponieważ od początku pisałem utwory w dialekcie, a także utwory dolnoniemieckie, Mahnke Verlag w Verden oferowało największy wybór sztuk teatralnych dolnoniemieckich (www.Mahnke-Verlag.de). Niektóre z moich dzieł można tam znaleźć do dziś!

Ale są też wydawcy specjalizujący się w dziełach dolnoniemieckich i utworach dialektalnych; od 2008 roku większość moich utworów publikowana jest przez Plausus Theaterverlag w Bonn (www.Plausus.de) zarówno w wersji dolno-, jak i wysokoniemieckiej.

Wyszukiwanie w Internecie wydawców odkryje kilku innych, takich jak wydawnictwo Reinehr w Muhltal (www.Reinehr.de), biuro sprzedaży i wydawnictwo niemieckich dramaturgów Norderstedt (vertriebsstelle.de) czy wydawnictwo teatralne Rieder Wemding (Theaterverlag-Rieder .de) i wiele innych. Jednakże niektórzy wydawcy specjalizują się w określonych dziedzinach, takich jak przedstawienia teatralne lub dramaty dla dzieci itp.

Nie mogę Ci powiedzieć, który wydawca będzie dla Ciebie najlepszy; Mogę tylko powiedzieć, że od lat cieszę się bliską współpracą z Plausus-Verlag w Bonn i Mahnke-Verlag w Verden.

Ale miałem też pewne negatywne doświadczenia.

Co należy wziąć pod uwagę i nadać priorytet zakładając wydawnictwo teatralne? Początkowo ośmiolatek prowadził spór prawny. Jakie zatem czynniki są istotne przy podejmowaniu decyzji dotyczących własności wydawnictwa teatralnego?

Jako autor ważne jest, aby stworzyć silne więzi z redaktorem i pracownikami wydawcy; żadne grupy teatralne nie powinny składać skarg na swojego wydawcę. Twoje dzieło zostaje następnie przekazane wydawcy, który ma obowiązek zaoferować je uczciwie i traktować grupy teatralne uczciwie i równo. Jeśli grupa teatralna krytykuje Twojego wydawcę za sposób publikacji Twojej sztuki, podejmij kroki, aby natychmiast zareagować. Jeśli Twoja praca nie była akceptowana etapami przez wiele lat ze względu na problemy związane z jakością; jeśli jednak błędy leżą po ich stronie, a nie po Tobie, możesz to wyrazić na głos.

Strony internetowe wydawców mówią wiele o ich pracy. Choć są one przeznaczone przede wszystkim dla grup teatralnych, autorzy powinni także znaleźć łatwo zrozumiałe strony teatrów, które będą przeglądać z przyjemnością.

Nie spiesz się, przeglądając strony internetowe; sama strona główna często może wiele powiedzieć o wydawcy.

Jeśli szokująca jest dla mnie pierwsza strona wydawnictwa, w którym obowiązują jedynie przepisy wykonawcze, to mówi wiele o ich właścicielu i prawdopodobnie wskazuje na negatywne odczucia wobec tego wydawnictwa; Nie spodziewam się, że tacy wydawcy również będą dla Was atrakcyjni; dlatego najlepiej unikać takich wydawców.

Jeśli masz trudności z wyborem wydawcy i nie możesz podjąć decyzji, że sam internet nie wystarczy, zadzwoń bezpośrednio do wydawcy i zapytaj, czy w ogóle rozważyłby publikację Twojej pracy przez telefon. Robienie tego daje inne wrażenie; jeśli po drugiej stronie linii znajduje się ktoś nieprofesjonalny i niegrzeczny, zastanów się, czy chciałbyś, aby traktował Cię w ten sposób w przyszłych kontaktach (spotykałem osoby określające się jako redaktorzy wydawców teatralnych, ale słowo „premiera" pisali przez „ a". Uwierz mi – to nawet nie było kłamstwo!).

Dowiedz się, czy wydawca jest odpowiedni dla Twojego rękopisu, odwiedzając jego stronę internetową i przeszukując bazę danych książek do publikacji. Na przykład, jeśli napisałeś coś w języku dolnoniemieckim Mahnke, Plausus lub VVB prawdopodobnie będą najlepszą opcją; ale bądź cierpliwy, ponieważ proces ten może zająć trochę czasu, zanim otrzymasz od nich odpowiedź. Jednakże niektórzy wydawcy potwierdzają odbiór Twojej pracy pocztą; inni mogą kontaktować się z Tobą telefonicznie lub e-mailem; jeśli jednak po kilku miesiącach nie nadejdzie żadne potwierdzenie, zażądam zwrotu mojego rękopisu. Wydawcy teatralni wydają się twierdzić, że codziennie otrzymują wiele rękopisów, nie mając czasu na udzielenie odpowiedzi. (Inni wydawcy mogą twierdzić inaczej.) Jeśli znasz innych dramaturgów, dowiedz się, z którymi wydawcami współpracują; ogólnie rzecz biorąc, publikując jeden utwór, zobowiązujesz się tylko do jednego wydawcy; w razie potrzeby kolejne elementy można zawsze zaoferować gdzie indziej.

Po znalezieniu wydawcy i zainteresowaniu Twoim rękopisem zostanie sporządzona umowa, którą muszą podpisać obie strony. Każda umowa może się nieznacznie różnić. Nie martwić się! Poszczególni wydawcy nie zwrócą na to uwagi. Ważniejsze jest zdefiniowanie praw i obowiązków autora i wydawcy; a także omówienie finansów i czasu trwania.

Jako autor wypada Ci jedynie udzielić wydawcy praw niezbędnych do nagrywania w radiu i telewizji, realizacji filmu i tłumaczenia na inne języki. Ale pozostajesz oryginalnym twórcą – po prostu oddajesz prawa do użytkowania. Jeśli cokolwiek w umowie nie spotka się z Twoją aprobatą, po prostu powiadom o tym i omów możliwe modyfikacje - być może któryś paragraf lub przepis może się odpowiednio zmienić!

Naturalnie podział tantiem jest integralną częścią każdej umowy i zazwyczaj autor otrzymuje 70%, a wydawca 30%.
Czas trwania i prawo do rozwiązania umowy mogą być żmudnym punktem dyskusji w umowach, jednak zawsze upewniam się, że zawierają jasne szczegóły dotyczące czasu trwania i prawa do odstąpienia od umowy (np. każdego dnia 31 grudnia z 3-miesięcznym okresem wypowiedzenia i automatycznym przedłużeniem w przypadku nieanulowania).
Bądź jednak ostrożny: jeśli w umowie nie ma informacji o czasie jej trwania, a jedynie jest wzmianka o okresie jej ochrony prawnej, nie oznacza to nic innego, jak tylko to, że Twój rękopis podlega prawu autorskiemu – czyli do czasu Twojej śmierci (70 lata po śmierci!). Radzę podpisywać wyłącznie umowy na okres od 3 do 5 lat z automatycznym przedłużaniem co roku – nawet jeśli rozwiązanie nastąpi po 5 latach, należy je zaakceptować, zamiast zobowiązywać się do końca życia!

Koniecznie podaj szczegóły dotyczące długości umowy!

Gdy w 1990 roku szukałem wydawcy mojego pierwszego dzieła, podpisałem kontrakt, nie podając dat ani ostatecznych terminów przyjęcia moich utworów przez liderów grup wykonawczych, podpisując je po tym, jak każdy z nich został odrzucony przez tego wydawcę. Jeśli taka sytuacja się powtórzy i liderzy grup wykonawczych skontaktują się z Tobą i odmówią ich wykonania z powodu tych umów – tak jak to miało miejsce w moim przypadku – wówczas będziesz mieć przez nich całkowicie związane ręce i ten błąd zmusi Cię do walki z prawnikiem przez 8 lat o wydostanie się z więzienia . Wreszcie 1 kwietnia 2008 roku w końcu wygraliśmy i wydostaliśmy się z rywalizacji. Wymagało to zarówno sił, jak i nerwów.

Bądź mądry: wybierz „doskonałego" wydawcę!!!

Czy zastanawiałeś się kiedyś, ile dochodów generuje kariera dramaturga? Oto Twoja szansa, aby uczciwie odkryć tę odpowiedź – tak jak żołnierze i robotnicy otrzymują pensje, tak dramatopisarze otrzymują tantiemy za pośrednictwem wydawców, którzy opublikowali Twój utwór.

Pieniądze staną się należne dopiero po wystawieniu Twojego spektaklu przez grupę teatralną i rozliczeniu się z wydawcą po zakończeniu sezonu. Jeśli chodzi o to, kiedy i jak szybko te pieniądze dotrą: może to zająć trochę czasu. Niektórzy wydawcy rozliczają się z autorami natychmiast po rozliczeniu z grupami teatralnymi, inni przesyłają zestawienia tantiem co kwartał, a jeszcze inni wysyłają nawet roczne sprawozdania, jeśli zajdzie taka potrzeba.

Jak to się oblicza? Każdy widz, który przyjdzie na Twoje przedstawienie, musi uiścić opłatę za wstęp. Jak wie każdy, kto regularnie odwiedza teatr profesjonalny lub amatorski, grupy różnią się znacznie pod względem częstotliwości przedstawień, wielkości wykorzystywanych sal i cen biletów za miejsce – znam grupy, które wystawiają tylko 3 przedstawienia w salach mieszczących 100 widzów 4 euro za sztukę, podczas gdy inni wykonują 40 przedstawień w ciągu kilku tygodni, które mogą pomieścić 350 gości za około 12 euro za sztukę! I tak proces trwa bez końca!

1. Wyobraź sobie grupę teatralną, która pięciokrotnie wystawia Twoją sztukę za opłatą wstępu wynoszącą pięć euro od widza i za każdym razem bilety są całkowicie wyprzedane; całkowity dochód z samego występu wynosi 2500 euro, a 10% lub 250 euro trafi do wydawcy; z tej sumy 70% wróci do Ciebie, a 175 euro wróci bezpośrednio do Twoich kieszeni jako zapłata z tej grupy.

Dlaczego napisałem „chciałbym"? Cóż – wydawcy zazwyczaj ustalają minimalną stawkę za występ, którą należy zapłacić, jeśli dochód spadnie poniżej określonej kwoty, w naszym pierwszym przykładzie zwykle wynosi ona około 70 euro. W tym przypadku grupa ta nie osiągnęłaby tego minimalnego progu i dlatego musiałaby zapłacić 70 euro, ponieważ nie osiągnęłaby minimalnej stawki za występ; oznacza to, że 350 euro wróci bezpośrednio do kasy wydawców, a 70 z tego będzie dla ciebie warte 245 euro (70/20 = 245)

Słyszę, jak wiele grup teatralnych narzeka na to rozporządzenie; Szczególnie „małe" sceny wydają się być bardzo niepokojące. Jednak bez tej umowy wydawcy nakładają ogromne koszty i bez tych ram byłoby prawie niemożliwimi przetrwanie; co z kolei przynosi korzyści nam, autorom. Uwierz mi; bez tego rozporządzenia na wszystkich scenach płacono by prawdopodobnie jedynie 30 lub 40 euro za występ!

Myślę, że sceny nie powinny narzekać. Bez względu na to, ile pieniędzy uda się zebrać, 90% uczestników i tak zostaje w swojej grupie! To wydaje się sprawiedliwe!
2. Przykład: Załóżmy, że Twój teatr może pomieścić 1000 osób. Opłaty za wstęp na osobę wynosiły 12 euro w 16 różnych terminach, kiedy miał miejsce Twój występ; oznaczałoby to ogółem 12 454 widzów oglądających go.

Brzmi nieźle? Cóż, chciałbym! Niestety nigdy nie otrzymałem takiej kwoty od grupy, ale moim celem jest po prostu zilustrowanie, jak rozliczenia mogą się różnić w zależności od etapu - w jednym przypadku można otrzymać zaledwie 70 euro, a w drugim prawie 1000!

Jeśli opublikujesz artykuł napisany w języku wysokoniemieckim i zlecisz tłumaczowi przetłumaczenie go na dolnoniemiecki lub inny język, powinien on oczywiście otrzymać honoraria; w końcu włożyli mnóstwo pracy w tłumaczenie tego. Ich udział wynosi zazwyczaj 20%.

Mam nadzieję, że czujesz się usatysfakcjonowany, ponieważ teraz mniej więcej wiesz, jaki może być Twój potencjał zarobkowy podczas grania.

Miałem już ukończonych 40 wieloaktowych przedstawień, kiedy około trzy lata temu Elke Siemers odwiedziła mnie, aby ponownie porozmawiać o swoim życiu. To niezwykła pielęgniarka pediatryczna i nauczycielka teatru, która opowiada historie w tak wciągający i niepowtarzalny sposób, że zawsze warto je uwiecznić na filmie. Słuchanie jej opowieści jest naprawdę zachwycające; lata temu zdaliśmy sobie sprawę, że możemy razem tworzyć niesamowite historie. Tak, jeśli pozwolimy naszej wyobraźni szaleć przez godzinę, niemal natychmiast może powstać cała sztuka; niestety na początku tylko w naszych głowach. Od tego czasu wiele pomysłów zostało szybko porzuconych. W pewnym momencie stało się dla mnie oczywiste, że ma do opowiedzenia tak ekscytującą i naładowaną emocjami historię, w większości opartą na jej osobistych doświadczeniach, że wiedziałem, że do czegoś to doprowadzi.

Być może teraz zastanawiasz się, jak działa wspólne pisanie – „wspólne pisanie". Do tego momentu spotkałem się z dwoma podejściami. Elke ma już na swoim koncie liczne prace: obrazy, występy sceniczne, pisanie poezji i krótkich powieści oraz sztuk teatralnych; nawet sama tego próbowała! Do tego czasu Elke namalowała wiele obrazów, napisała opowiadania poetyckie i krótkie powieści, ale – jak twierdzi – nie chciała pisać w stylu dialogu, uznając, że nie jest to jej mocna strona.

To było moje pierwsze doświadczenie wspólnego pisania. Wiosną 2008 roku ponownie nawiązaliśmy współpracę, tym razem z Christophem Bredau jako moim współautorem.
Pisanie z Christophem było czymś wyjątkowym. W pewnym momencie zaczęliśmy rozmawiać o teatrze i wpadliśmy na pomysł komedii, w której dwóch młodych mężczyzn ofiarowało się jako „męskie prostytutki". (Pomysł ten pojawił się podczas jednej z moich wcześniejszych sesji pisarskich z Christophem.) Wcześniej napisałem inny scenariusz komediowy wykorzystujący tę koncepcję (szczegóły można znaleźć w poprzedniej sekcji).
To było fascynujące, że tytuł mojej sztuki przyszedł mi do głowy, zanim jeszcze go napisałem: „Witamy w Chez Andre". Początkowo rozważaliśmy nazwanie spektaklu „Chez Roger", ale mogło to powodować pewne trudności dla występujących w nim aktorów, ponieważ trzeba go często powtarzać na scenie. Krótko przed końcem zmieniliśmy Rogera na Andre. Christoph pochodzi z Dolnego Renu i z zawodu pracuje jako pielęgniarz; zapalony miłośnik kina, który zamienia swój dom w coś przypominającego prawdziwe kino! Bardzo interesuje się teatrem jako zajęciem - choć

może nie ma predyspozycji do tego zawodu. Od samego początku wiedział, że musimy wspólnie napisać ten utwór – co oznacza wspólne siedzenie przy komputerze podczas pisania i wymyślanie fabuły w trakcie pisania. Na początku był to dla mnie nieznany i nieznany styl pisania; czasami pojawiały się sugestie mojego redaktora, z którymi się nie zgadzałem – choć czasami było odwrotnie. Od czasu do czasu musiałem powstrzymywać jego entuzjazm, gdy jego pomysły szły za daleko; ale przy wielu okazjach pisał rzeczy, których sam nigdy bym nie napisał, a które były genialne i wnikliwe. Wiele scen zostało jedynie ulepszonych dzięki tej współpracy; i uważamy, że powinniśmy być dumni z jego wyników. Przynajmniej oboje byliśmy bardzo zadowoleni z „Chez Andre" i po jego ukończeniu postanowiliśmy nie rezygnować z niego i obecnie pracujemy nad naszą drugą komedią: „Cztery ręce do wymion", która, miejmy nadzieję, powinna być gotowa jesienią 2008 roku.

Jak widać, istnieją różne podejścia do pisania muzyki z drugą osobą. Jeśli zdecydujesz się skomponować cały utwór we dwoje, pamiętaj, że żaden z partnerów nie padnie od czasu do czasu ofiarą samodzielnej pracy nad swoim utworem, ponieważ może to zostać uznane za nieuczciwe wobec jednego lub obojga partnerów.
Czy wolisz pisać razem czy samotnie? Nikt nie powinien odkładać zrobienia tego, co jest dla niego najlepsze – nie będę zniechęcał do wspólnego pisania, ale chciałbym podkreślić, że robione w pojedynkę działa równie dobrze – tym razem na pewno napiszę ponownie moje 50. dzieło solo! Znajdź swój własny sposób i styl, gdy podchodzisz do pisania razem lub w pojedynkę!

KONIEC